たとえ話で祈る

ホアン・カトレット　著
ホ　セ・カトレット　絵

サンパウロ

はじめに

　黙想の指導の体験を通じて私が学んだのは、「具体的な言葉」、つまり「たとえ話」などは、「概念的な言葉」よりも好まれ、心にもっと早く、しかも深く入るばかりでなく、主キリストと対話するにあたっても、心のこもった実りある祈りの助けとなるということでした。

　思索的な西洋の言葉は「概念的」であるのに対し、東洋の言葉はずっと「具体的」であると言われます。しかし、私は、西洋でもやはり比喩やたとえ話は好まれてきたし、西洋の言葉が必ずしも、哲学者カントの言葉のように、いつも観念的であるとは限らないと思っています。人間誰《だれ》しも、世界のどこで生を営んでいようが、詩的で感情的な傾向はあり、肩の凝らない寓話で人生の教訓を学びたいという願いをもつものです。どの国にも、文化にも、「ことわざ」に先達の知恵が表され、語り継がれてきたのはそのためでしょう。

　イエス・キリストは、良い知らせをもたらす「福音」を「たとえ話」で語る名人でした。そうして、神の愛を大人にも子どもにも、すべての人に告げられたのです。ですから、皆が彼の言葉を理解し、その深い意味までもつかんだのでした。

有名な小説家であり詩人でもあるマルティン・デスカルソは、「真の愛を語るに三つの方法がある」と言っています。三つとも、同じ源から、つまり、「神のみ言葉」から発していますが、それぞれ「み言葉」を違った形で表しているのです。それらは、伝統と教導職に基づく神学者の「神学的方法」、キリストとその御母に倣い、愛の道を歩む「心による方法」、そして、詩人たちがその直観と感受性と想像力の翼を自由に広げ、比喩的に「み言葉」を語る「詩的方法」です。

さて、この『たとえ話で祈る』は、「詩的方法」で、祈るために読者の想像力を照らすでしょう、という希望をもっています。

二〇一九年九月八日

聖マリアの誕生の祝日
ホアン・カトレットS. J.

目　次

目次

1 たった一羽で飛ぶ小鳥

たった一羽で飛ぶ小鳥には五つの特徴がある。第一は、大空の高みにまで飛ぶこと。第二に、仲間を求めないこと。同じ魂を持つ仲間がいても、やはり一羽でいる。第三に、いつも風の吹く方に向いていること。第四に、決まった色を持たないこと。第五に、美しくさえずること。

これらはみな、観想的な魂の特徴だ。さまざまな現象にとらわれず、それらをはるかに越えて、高く飛ぶ。孤独と沈黙を友とし、仲間を求めない。聖霊の風を受け、その導きのままに生きる。こうして、主に最もふさわしい者となる。何ごとについても自分の考えにとらわれず、神のみ旨だけを心する。花婿である主の愛の観想のうちに、美しく歌う。

（十字架の聖ヨハネ、『光と愛について』より）

「……真理はあなた方を自由にする」。（ヨハネ8・32）

【ヨハネ8章31―33節】

イエスは、ご自分を信じたユダヤ人たちに仰せになった、「わたしの言葉に留《とど》まるなら、あなた方はまことにわたしの弟子である。あなた方は真理を知り、真理はあなた方を自由にする」。人々はイエスに答えた、「わたしたちはアブラハムの子孫だ。今まで誰の奴隷《どれい》にもなったことはない。『あなた方は自由になる』と、どうして言うのか」。

2　じゃこう鹿

昔、ある所に、腕白でいたずらな小さなじゃこう鹿がいた。野の花々をはしからかじってみたり、あちこちの小川の澄んだ水を飲んだり、かと思えば、岩山の間を飛び跳ねたり、森のくぼ地で昼寝をしたりで、日がな一日過ごしていた。そんなある日、ふと、あたりに不思議な香りがただよっているのに気づいた。それは、えも言われぬ香りで心を誘う、近くて遠い呼び声のようだった。小さな鹿は、すっかり心を奪われてしまった。それからというもの、小さな鹿の生活はすっかり変わってしまった。心にしみ透る不思議な香りを探して、あの山この山に登り、谷を下り、一心不乱に動きまわった。そして、探せば探すほど、憧れは募るばかり、心は揺れ、体も震えるのだった。寝ることも食べることまでも忘れてしまった。何かに渇いていた。なぜか、いつもとても渇いていた。「ぼくは渇いているんだ」、と小さなじゃこう鹿は思った。

こうして、心をとらえて離さない香りの魅力に気も狂わんばかりになった鹿は、香りの

もとを求めるあまり、身の危険も顧みず、とうとう断崖から飛び降りてしまった。崖の下には、切り立った岩が待っていた。しかしそこで、彼はあの不思議な香りの源を見つけた。岩に切り裂かれた体から、あの心にしみ入る香りが、死の瞬間に立ちのぼったのだ。小さなじゃこう鹿は、空をじっと見つめた。その目は探していたものを見つけたという満足に輝いていた。けれども、遅すぎた。気づくのがあまりに遅すぎたのだ。

＊　わが神よ、あなたは私のうちにおられるのに、私は外にいて、外側にあなたを探していました。

「あなたは祈る時は、奥の部屋に入って戸を閉め、隠れた所におられるあなたの父に祈りなさい。そうすれば、隠れた行いをご覧になるあなたの父が報いてくださる」。（マタイ6・6）

3　花と太陽

花は花であることが気に入らなかった。この境遇は受け入れかねた。何もかもいやになる。冬の氷と雪、立ちのぼる春の熱気、じりじり照りつける夏の太陽、秋の憂鬱。そんないらだちをある日、太陽にぶつけた。

花　「私は誰なの」。

太陽　「君は花だよ」。

花　「花、花、どうせ花よ。私は花って好きじゃないわ。果物ならよかったのに」。

太陽　「君は果物志向かもしれないが、花ってすばらしいじゃないか。春が来るのを知らせる役目をしているのだからね」。

花　「何かむなしくて、寂しいのよ。心細くて」。

太陽　「怖がることはないよ。私が一緒にいるじゃないか」。

花　「冬になると、太陽なんか探しても見当たらないわ」。

太陽　「いったい、いつになったら君は、愛においては、不在も存在の一つだと分かるのだろう」。

花　「あなたはいつも、さっぱり分からない謎をかけて私を煙にまくのよ。ただ花でありなさいとか、探している太陽は君の中にあるとか……」。

しかしついに、花の不満が終わりを告げる日がやってきた。照らしは、まったく不意に訪れた。花は悟った。木の高さはその根の深さと同じであり、春は沈黙と雪の冬があって初めて訪れる、という大自然の摂理を理解したのだ。そして、花であるとは、心のうちに眠っている芳香と美しい花を咲かせる力とを、そっと目覚めさせてくれる太陽に守られ、暖められることなのだと、よく分かった。

それからは太陽に、憤懣《ふんまん》やる方ないといった質問はしなかった。花自身の生活が答えを出してくれたから。

＊　受け入れられ、愛されていると感じた時から、人は成長し、成熟する。

「恐れてはならない。まことに、わたしはお前とともにいて、東からお前の子孫を来させ、西からお前を集める」。（イザヤ43・5）

【イザヤ43章5―8節】

「恐れてはならない。まことに、わたしはお前とともにいて、
東からお前の子孫を来させ、西からお前を集める。
わたしは北に向かって、『引き渡せ』と、
南に向かって、『引き止めるな』と言う。
わたしの息子らを遠くから、娘らを地の果てから連れてこい。
これらの者はみな、わたしの名をもって呼ばれる者。
わたしがわたしの栄光のために創造し、形づくり、造りあげた者。
目があっても見えず、耳があっても聞こえない民を連れ出せ」。

4　炎になりたかった水

ある日、水は山を流れながら、わが身を嘆いて言った。

「私はもう、冷たいのや、川を下って流れるのには飽き飽きしたわ。私は必要だそうだけど、美しいほうがどんなにいいかしれない。情熱に火をつけ、恋人たちの心を燃え立たせる真っ赤で熱い炎のように。私はものを清めるって言うけれど、でも炎なら、もっと清める力だってあるわ。燃える炎になれたらなぁ」。

そこで、水は神様に手紙を書くことにした。

「親愛なる神様、あなたは私を水にお造りになりました。けれども、謹んで申し上げますが、私は透明でいることに疲れてしまいました。赤い色を私にくださいませんか。炎になりたいと思います。よろしいでしょうか。あなたご自身、燃える柴の形でご自分を現され、また、地上に火を投じるために来たと仰せになりました。ご自分を水に例えられたことはないように思います。ですから、私の望みもご理解いただけるのではないでしょうか。

気まぐれで申しているのではありません。私の自己実現のために、この変更は、ぜひとも必要なのです」。

水は毎朝、川辺に出ては神様の返事が届くのを待った。ある日の昼下がり、真っ白な舟が通りかかり、赤い封筒を水に落として行った。水はさっそく封を切って読んでみた。

「親愛なるわが娘よ、取り急ぎ返事を出します。お前は水であることに疲れたそうですね。私はそれが残念です。お前のおばあさんはヨルダン川で私の息子に洗礼を授けてくれました。お前もたくさんの子どもたちに洗礼を授けるようにと願って、私はお前を造ったのです。水は炎の道を準備します。私の霊は水で洗われない者には、降《くだ》ることはないのだから。水はいつも炎に先立つのです」。

水が一心に手紙を読んでいる間、神様は傍らに降りて黙って水を眺めておられた。水は自分自身を見、そこに映る神様の顔を見た。神様はほほ笑んで水の言葉を待っておられた。水は、神様の顔を映すという特権を澄んだ水だけが持つのだ、と気がついた。そこで、ホッと息をついて、口を開いた。

「はい、主よ。私は水のままでいます。あなたを映す鏡のままで。ありがとうございました」。

「イスラエルの家よ、わたしはこの陶工のようにお前たちに行うことができないだろうか――主の言葉。見よ、イスラエルの家よ、お前たちは陶工の手の中にある粘土のように、わたしの手の中にある」。（エレミヤ18・6）

【エレミヤ18章6―10節】

「イスラエルの家よ、わたしはこの陶工のようにお前たちに行うことができないだろうか――主の言葉。見よ、イスラエルの家よ、お前たちは陶工の手の中にある粘土のように、わたしの手の中にある。わたしがある国やある王国に対して、これを抜き、壊し、滅ぼすと語り、わたしが警告した悪からその国やその王国が立ち返れば、わたしはただちに、それに対して下そうと計画した災いについて思い直す。または、わたしがある国やある王国に対して、これを建て、植えると語り、これがわたしの声に聞き従うことなく、わたしが悪と思うことを行えば、わたしはただちに、それにもたらそうと考えていた幸いについて思い直す」。

5　太陽の目を覚まさせるおんどり

昔、太陽の「目覚まし時計」を自認するおんどりがいた。それが自慢で、一人ほくそ笑んでいた。

「毎朝、私が時を告げると、太陽が目を覚ます。日の出だ。そして勇壮に天を巡り始める。なんと偉大な使命だろう」。

こんなわけでおんどりはいよいよおごり高ぶり、他の鳥たちを皆、ばかにする始末だった。ところがある日のこと、おんどりはすっかり寝過ごし、目が覚めてみると、もう昼の十二時になっていた。そして驚いたことに、太陽はすでに空高く輝いていた。おんどりはつぶやいた。

「こんなことってあるだろうか。私が太陽の目覚し時計だったはずなのに」。

すっかりうろたえてただ行きつもどりつしているうちに、真実に気がついた。おんどりは不意に立ち止まり、太陽に向かって力いっぱいできるだけ上手に鳴いた。そのあたりで、これほどすばらしい鳴き声を聞いたことがないほどに、立派な鳴き声が響きわたった。

おんどりは天啓を受けたのだ。彼が目覚ましの役をしていたのではない、その逆だったとその瞬間に悟ったのだ。太陽は毎朝出る。その力強く暖かい光線で、生きとし生けるものすべてを抱き、暖め、生きる情熱と、賛美と感謝の歌を歌う力を与えるのだと。

それからも、おんどりはいつものように、毎朝時を告げて鳴いた。しかし、その鳴き声はもう、傲慢でも、自己中心でもなかった。その声は、太陽への感謝。すべてに先がけて目を覚まし、彼を暖め、感謝をこめて声高く歌う望みを抱かせてくれる太陽への賛歌だった。

今でも、おんどりは毎朝、賛美と感謝の歌を歌い続けている。聞いたことがありますか。

太陽は神様、おんどりは私たち……。

「人とは何者なので、これをみ心に留められるのですか。人の子は何者なので、これを顧《かえり》みられるのですか」。（詩編8・5）

6　クモの巣のたて糸

小さなクモがせわしなく動いては、木の上から、巣をかける場所を探していたが、とうとう木の根っこのそばにある茂みを選んだ。低い枝にしっかり太い糸を固定して、するすると降りると、下がった糸の所からてきぱきと動いて、巣を織り始めた。骨折って働いたかいあって、美しい網ができ上がった。住まい兼、獲物を捕らえるわなである。

クモがそのできばえに満足したのも無理はない。レースのように織られたその巣は、夜明けなど、朝露がかかり、太陽の光を受けて虹色に輝くのだ。クモご自慢の作品だった。

ある嵐の日、クモの巣は強い風にあおられ、深刻な被害を受けた。風が収まると、さっそく破損箇所の修理にかかり、隅をよく留め、切れた糸は張り直した。

もうでき上がろうかという時に、高い所にまでつながる、古くて太い糸が目についた。この糸がどうしてここにあるのか、クモはふに落ちなかった。美しい巣を眺めてみたが、

どうも必要はなさそうなのだ。そこで糸を切ることにした。そのとたん、大事な支えの糸をなくした巣は、クモの上に網のように落ちかかり、自慢の織物は死に装束と化したのだった。

＊ 歴史を忘れた人間は、自らの存在の源が神にあることを知らない。

「これらはすべて、異邦人が切に求めるものである。あなた方の天の父は、あなた方がこれらのものをみな必要としていることを知っておられる」。（マタイ6・32）

7　鷲《わし》か鶏か

あるアメリカインディアンがこんな話をしてくれた。

勇敢なインディアンが一人そびえる山の頂に登り、岩の間の鷲の巣に卵があるのを見つけた。そこで家に持ち帰り、めんどりの巣に入れた。鷲の子は卵からかえり、鶏のひなたちと一緒に大きくなった。

それからずっと、鷲は自分は鶏だと信じ、鶏たちと同じように暮らした。つまり、コッコッと鳴きながら、ミミズや虫を探して地面を掘り、鶏たちが時にするように、羽をばたつかせて、二、三メートル飛んだりしていたわけだ。

月日がたち、鷲は年をとった。ある日、澄んだ空高く、立派な鳥が優雅に、しかも堂々と金色の力強い翼を広げ、気流にのって舞うのが見えた。

老いた鷲は感心して空を見つめ、「あれは何だい」と傍らにいためんどりに尋ねた。

「あれは鳥の王様、鷲よ」とめんどりは答えた。「でも、見ても仕様がないわ。しょせん私たちとは違うのだから」。
そんなわけで、鷲は二度とその姿を思い出すこともなく、わが身を囲いに住む鶏だと信じきって生涯を終えた。

その2
傍らにいためんどりが、「あれは鳥の王様、鷲よ」と言ったとたん、囲いの中にいた鷲の心の奥底で、眠っていたものが目を覚ました。彼は矢のように、まっすぐに澄んだ空高く飛びたった。そして高く、高く舞い上がり、ついに見えなくなった。

＊　鶏になるか鷲になるか。すべては偏らない心にかかっている。心が何ものにもとらわれず、自由であるかどうかに。

洗礼者ヨハネの宣教（マルコ1・1—8）

8　ダイヤモンド

一人の巡礼者が、村外れにたどり着き、木の下で野宿の準備を始めた。そこへ突然、村の男が駆けつけてきて、息をはずませながら言った。

「宝石、宝石。宝石をください」。

「いったい何の宝石ですか」と巡礼者は尋ねた。

「先だっての夜、夢で天使のお告げがあったのです。夕暮れに村外れに行けば、巡礼者に会える。その人が私に宝石をくれるから、私は永遠に大金持ちになれると」。

巡礼者は袋の中をかき回し、石を一つ取り出して、男に差し出した。

「それはたぶん、このことでしょう。二、三日前に森の小道で、見つけたのですが、どうぞ持っていってください」。

村の男は石を見て驚いた。なんとダイヤモンドではないか。それも、世界一大きなダイヤモンドに違いなかった。なにしろ握りこぶしほどもあったのだから。

彼はダイヤモンドを受け取り、村に帰った。しかしその晩、どうにも寝つけず、床の中で寝返りを打つうちに夜が白み始めた。日が昇ると、巡礼者の所に出かけて行き、こう言った。

「あれほど喜んでダイヤモンドを手放せるのだから、あなたは、よほどすごい宝をお持ちに違いない。私はその宝の方が欲しいのです」。

「わたしは、わたしの主キリスト・イエスを知ることの素晴らしさの故に、すべては損失だと思っているのです」。（フィリピ3・8）

9　「ユダ」のモデル

レオナルド・ダ・ヴィンチが、「最後の晩餐」を描いていた時の逸話である。レオナルドは、ピエトリ・バンディィネッリという魅力的な青年を、キリストのモデルに選んだ。

絵の完成には何年もかかった。ユダの部分が最後に残り、レオナルドはあちこちの酒場や町のいかがわしい地区を、「ユダ」のモデルを探して歩いた。

彼は画家特有の鋭い洞察に満ちた目で、ユダの人となりを表すにぴったりの人物を物色した。

そしてついに、退廃的で放蕩が顔つきににじみ出た感じの、どこから見てもモデルとして完璧な男を見つけた。絵を描き始めてしばらくした頃、レオナルドは、どうもその男に見覚えがあるように思われたので、どこかで会ったことがあるか、と尋ねた。

「ええ、会いましたよ。でも、あれからこっち、いろいろありましてね」。

男はバンディィネッリと名乗った。もう何年も前にキリストのモデルをした……と。

＊　聖人か罪人か。この逸話は、逆もまた真なり。「昨日のユダ」が「今日のキリスト」にもなる。つまるところ、聖人も、イエス・キリストに救われ、聖とされるのだから。

「神よ、わたしのうちに清い心をつくり、わたしの霊を強めて、新たなものとしてください」。（詩編51・12）

【詩編51章13―14節】
わたしをみ前から退けず、
あなたの聖なる霊をわたしから取り去らないでください。
救いの喜びをわたしに返し、
あなたの大らかな霊によって、わたしを支えてください。

10　犬と野うさぎ

コプト語で書かれた、砂漠の師父たちの面白く、また考えさせられる古い話がある。

ある日のこと、隠遁修士見習いが、山の洞窟に住む、師である年老いた隠遁修士に会いに行った。そして師に、こう尋ねた。

「この砂漠の僧院を訪れる志願者は多いのに、しばらくすると、ここを去り、修道生活をあきらめてしまいます。どうして、残る者はこんなに少ないのでしょうか」。

老いた師は答えた。

「なぜかと言うとな。つまり、修道生活でも、野うさぎ狩りに行く犬と似たようなことが起こるのじゃ。犬がうさぎを見つけると、すさまじく吠えたてながらうさぎの後を追う。道々、他の犬たちもこれと一緒になって、やはり一生懸命駆け出すがな。しばらくすれば、野うさぎをその目で見なかった犬たちは、疲れてしまい、他のことに気を取られ、あちこちに散っていき、それぞれ別のことをし始める。結局、野うさぎを見た犬だけが、うさぎ

を捕まえるまで、走り続ける。この砂漠でも同じことが起こるのじゃよ。十字架上のキリストに出会った者だけが、最後までこの生活をまっとうすることができるのじゃ」。

若い見習い隠遁修士は、この話を心に刻んだ。その日以来、彼の洞窟の壁に掛かった十字架のキリストに以前にもまして、愛と感謝のまなざしを注いだのは言うまでもない。


「わたしが地上から引き上げられるとき、すべての人をわたしのもとに引き寄せる」。

（ヨハネ12・32）

11 敵は中に

「万里の長城」は世界七不思議の一つである。人間の造った建造物ではただ一つ、月から見えるのだそうだ。その建造に要した費用と労力は、まさに想像を絶する。

万里の長城が完成した時、人々は心底から安心した。もう安全だと思ったからだ。攻め入ることなどできるはずがない。これほど高い壁を登れはしないし、このぶ厚い石を掘り抜くことは、まず不可能だった。こうして守られている以上、何の心配もなかった。

ところが、敵はこの防壁を、いともやすやすと通り抜けてしまった。理由は簡単。門を守る番兵を買収したのだ。番兵が門を開き、敵軍は造作なく中に入ったというわけだ。

＊　裏切り者は内部にあり。人間の敵はこれをよく知っている。そこで、私たちの魂の窓から、心をそそる誘惑を、あの手この手でしかけてくる。

「……外から人の中に入るもので、人を汚すことのできるものは何一つない。人の中から出てくるものが人を汚すのである」。（マルコ7・15）

【マルコ7章6―7、14―15節】

イエスは仰せになった、「イザヤはいみじくもあなた方偽善者について預言した。それはこう書き記している。

『この民は口先でわたしを敬うが、その心はわたしから遠く離れている。

彼らはわたしを拝むが、むなしいことである。

彼らの教える教えとは人間の造った戒めであるから』。……」。

………

それから、イエスは再び群衆を呼び寄せて仰せになった、「みな、わたしの言うことを聞いて悟りなさい。外から人の中に入るもので、人を汚すことのできるものは何一つない。人の中から出てくるものが人を汚すのである」。

12　砂漠の若き聖ヒエロニムス

若き日の聖ヒエロニムスの伝説である。聖ヒエロニムスが晩年、ベツレヘムの近くで隠遁生活を送ったことを知る人は多い。しかし、若い頃にも、シリアの砂漠で隠遁生活をしようとしたことがあるのは、あまり知られていない。若きヒエロニムスは砂漠でひどい落ち込みを体験し、まだ隠遁生活に招かれていないと悟ったのだった。落ち込みの極みにある時、十字架のキリストが彼にお現れになったと言われる。ヒエロニムスはすぐさまひざまずき、深く身をかがめて、大仰に胸を打った。キリストは、十字架上から彼にやさしくほほ笑まれ、お尋ねになった。

「ヒエロニムス。私に何をささげてくれるのか」。

ヒエロニムスは喜び勇んで、すぐに答えた。

「すべてをおささげします、主よ。特に、このつらい砂漠の孤独を」。

主は温かく彼に感謝されて、また、お尋ねになった。

「ヒエロニムス、他にまだ、何かささげてくれるものがあるか」。

ためらいもせずに、彼もまた答えた。

「断食と飢えと渇きを」。

主は、十字架上から、ヒエロニムスの言葉に大いに感謝と共感を示された。主も砂漠で断食をなさったことがあったから。主はその後も、何度かお尋ねになった。

「他に何をささげてくれるのか、ヒエロニムス」。

ヒエロニムスはその度に、よどみなく答え、また時には講釈もつけた。いわく、徹夜の祈り、詩編の祈り、霊的読書などなど、ささげ物は尽きなかった。

十字架上の主は、その一つ一つに、ほほ笑みながら礼を言われ、また、同じ質問をなさるのだった。ヒエロニムスは何とか次々と答えを見つけた。

「独身生活をささげ、できる限りふさわしくこれを生きます。この荒れ地の不便さ、日中の暑さ、夜の寒さをささげ……」。

けれども、いよいよ最後には、そのアイデアも底をついてしまい、ヒエロニムスは憂鬱になった。主はこれほど印象的かつ英雄的な犠牲のリストにも、まだ満足しておられないようなのだ。沈黙が訪れた。シリアの砂漠全体が静まり返ったようだった。と、主が、ヒエロニムスを愛しげに見つめて、口をお開きになった。
「ヒエロニムス。一つ忘れているよ。お前の弱さも私にささげなさい。お前を赦すことができるように」。

「見よ、わたしは戸口に立ってたたいている。もし、誰かがわたしの声を聞いて戸を開くなら、わたしはその人の所に入って、食事をともにし、その人もまたわたしとともに食事をする」。(ヨハネの黙示録《もくしろく》3・20)

13　アイルランド人、審判へ

「ほほ笑みの教皇」と呼ばれ、在位一カ月で世を去ったヨハネ・パウロ一世が、まだベニスの大司教、アルビノ・ルツィアーニだった頃、『素晴らしい人々』という本を著している。その中に、次のような話がある。

あるアイルランド人が突然の死を迎え、天の審判の場に出廷した。彼は非常に不安だった。何しろ、人生の総決算はどう見ても赤字だったからだ。列が長かったので、待っている間に、審判の様子を注意深く見守り、耳をそばだてていた。

膨大なファイルを調べると、キリストは初めの人にこう告げられた。

「私が飢えていた時に、あなたは食べ物をくれた。よろしい。天国に入りなさい」。

次の人に、また言われた。

「私が渇いていた時に、あなたは飲ませてくれた」。

三番目の人にはこう言われた。

「私が牢獄にいた時、あなたは訪ねてくれた」。

こうして次々と審判が進んだ。天国に入れられた人々の行いを、アイルランド人は、いちいち自分に当てはめてみた。不安はよけい募ってきた。人に食べ物を与えたこともなければ、飲み物を与えたこともない。囚人も病人も見舞ったことはなかった。

やがて彼の番になった。キリストがファイルを繰られるのを見ながら、震えて待っていた。さて、ところがキリストは目を上げて言われた。

「あまり記録はないね。それでも、私が悲しく、落ち込み、参っていた時、あなたはやって来ては、冗談を言って笑わせ、おかげで私は元気が出た。天国へ行きなさい」。

＊ さまざまな奉仕と愛の行い。愛から出た行いであれば、例えば「ユーモアのセンス」であれ、キリストは見逃されることはない。アイルランド人は、周囲の人の気を引き立たせるので有名だ。

「……『あなた方によく言っておく。**これらのわたしの兄弟、しかも最も小さな者の一人にしたことは、わたしにしたのである**』」。（マタイ25・40）

【マタイ25章35―40節】

「『あなた方は、わたしが飢えていた時に食べさせ、渇いていた時に飲ませ、旅をしていた時に宿を貸し、裸の時に服を着せ、病気の時に見舞い、牢獄《ろうごく》にいた時に訪ねてくれたからである』。すると、正しい人たちは答える、『主よ、いつわたしたちは、あなたが飢えておられるのを見て食べさせ、渇いておられるのを見て飲ませましたか。いつあなたが旅をしておられるのを見て宿を貸し、裸でおられるのを見て服をお着せしましたか。また、いつあなたが病気であったり、牢獄におられるのを見て、あなたをお訪ねしましたか』。すると王は答えて言う、『あなた方によく言っておく。これらのわたしの兄弟、しかも最も小さな者の一人にしたことは、わたしにしたのである』」。

14　三匹の悪魔見習い

地獄に三匹の悪魔の見習いがいた。彼らは、この世の男や女を誘惑する方法を「体験学習」するため、師匠について地上に出かけることになった。しかし、まず、地獄の火にもまして恐ろしい試験を突破せねばならなかった。試験官は、人間に罪を犯させるために、彼らがどんな戦術、手管《てくだ》を使うつもりか、と質問した。

初めの悪魔見習いが答えた。

「私は古典的手法を用いようと思います。『神はいない。だから大いに罪を犯し、人生を楽しめ』と言ってやります」。

「落第！　神はいない、と言うだと。花や木々、動物たち、神の存在を証しする自然の摂理。あの地上の自然のすばらしさを見るだけで、そんなまやかしはふっとんでしまう。もっと勉強してこい！」

二番目の見習いが言った。

「私は、もっとうまい手で引っかけます。人間にこうささやくのです。『地獄なんてないのだから、罪を楽しみ、人生を謳歌《おうか》するんだよ』」。

これを聞くやいなや、悪魔の試験官は苦りきって言い渡した。

「落第！　地獄がないとささやく、だと。戦争、麻薬、殺人、爆弾テロ。地上で人間同士が殺し合いをしているというのに。もう『地獄』にいるようなものではないか。お前も、勉強が足りん！」

最後の悪魔見習いは言った。

「私はもっと単純な方法をとります。人間にこう言ってやります。『なにも急いで改心することはないさ。まだまだ時間はたっぷりあるんだから。いまのうちにせいぜい罪を犯し、人生を楽しむんだよ』」。

試験官は、満足のあまり、思わず叫んだ。

「百点満点、言うことなし！」

罪を避ける修徳の道

「もし一方の手があなたをつまずかせるなら、それを切り捨てなさい。片手で命に入るほうが、両手がそろったままで、地獄の消えることのない火の中に落ちるよりはましである」。（マルコ9・43）

【マルコ9章42―43節】

「また、わたしを信じるこの小さな者の一人をつまずかせる人は、その首にろばの碾《ひ》き臼《うす》をはめられ、海に投げ入れられるほうがましである。もし一方の手があなたをつまずかせるなら、それを切り捨てなさい。片手で命に入るほうが、両手がそろったままで、地獄の消えることのない火の中に落ちるよりはましである」。

15　トロイのヘレナ

トロイのヘレナの話である。伝説によれば、この美貌の女王は捕虜として異国に連れ去られ、過去の記憶をなくし、ついには街娼に身を落としてしまった。ヘレナという名も、王家の血を受け継いでいることも忘れていた。しかし、遠い故国の友人たちは、彼女がいつか帰ってくるという希望を捨てなかった。なかでも、幼い頃からヘレナを知っていたある若者は、ヘレナが生きていると信じ、きっと見つけ出そうと心に決して旅立った。

ある日、裏通りを歩いていた彼は、家畜の水飲み場を通りかかった。するとそこに、ぼろをまとい、生活の苦労を顔に深く刻んだみすぼらしい女がいるのが見えた。ところがその顔には、どこか見覚えがある。そこで、近づいて尋ねてみた。

「名は何と言うのだ」。

彼女は名を言ったが、知った名ではなかった。彼はもう一度話しかけた。

「手を見せてくれないか」。

彼女が手を差し出すと、若者は驚いて声を上げた。

「あなたはヘレナ。ヘレナですね。私を覚えていませんか」。

ヘレナは、驚いて若者を見つめた。「ヘレナ」と若者が叫んだその瞬間に、まるで霧が晴れるように記憶がよみがえり、失われていた自分を取り戻したヘレナの顔に、内なる光がさしでた。幼なじみの若者に手を差し伸べた彼女は、もう生まれながらの女王ヘレナであった。

＊

憐れみの神は、同じように私たちを捜しておられる。できるかぎりの手を尽くし、私たちが神の前に大事な存在であると、心に刻みつけるために。

「あなた方のうちに、百匹の羊を持っている者がいるとする。そのうちの一匹を見失ったなら、九十九匹を荒れ野に残して、見失った一匹を見つけ出すまで、跡をたどって行くのではないだろうか」。（ルカ15・4）

16　神様は憐れみ深い

「聖地」を巡礼中の男が、ある夜、ゲッセマネの園でたった一人でいた。それは美しい夜だった。満天の星、穏やかな静けさ、あふれる平和。彼はすっかり感動し、涙が後から後から、頬をつたって流れた。そこでひざまずいて熱心に祈り始めた。

「主よ、私がもう二度と罪を犯すことがないようお守りください」。

すると、思いがけないことに、ある声がした。

「私の子よ。二度と罪を犯さないようにと頼むのか。しかし、私の子たち皆のそんな願いをかなえてしまったなら、いったい私はいつ、このあふれる憐れみを発揮できるのか」。

＊　私の罪や失敗でさえ、神の大きな愛と憐れみを体験することによって善となる。罪に傾く私の弱さを思い起こさせ、ほかの人々への思いやりと理解を育てるのだから。

放蕩息子の父の姿

「彼は立って父のもとへと行った。ところが、まだ遠く離れていたのに、父は息子を見つけ、憐れに思い、走り寄って首を抱き、口づけを浴びせた」。（ルカ15・20）

【ルカ15章21―23節】

「息子は父に向かって言った、『お父さん、わたしは天に対しても、あなたに対しても罪を犯しました。もうあなたの子と呼ばれる資格はありません』。しかし、父は僕《しもべ》たちに言った、『急いでいちばん良い服を出して、この子に着せなさい。手には指輪をはめ、足には履き物を履かせなさい。それから、肥えた子牛を引き出して屠《ほふ》りなさい。食事をして祝おう」。

17 麦の粒

私は村の道を歩いていた。門ごとに物乞いをして。その時だ。あなたの金の馬車がまるで夢のように、はるかに姿を見せたのは。私は驚き、あの王の中の王はいったい誰だろうと自問した。

私は期待のあまり天にも昇る心地で、もう苦しい生活は終わる、と考えた。そして、施しと金銀が振りまかれるのを胸を躍らせて待っていた。

馬車はそばに止まった。あなたは私を見て、ほほ笑みを浮かべて馬車から降りられた。ついに人生の幸せというものがやって来た、と私は感じた。ところが、あなたは右手を差し伸べ、こう言われた。

「何か私にくれるものがあるか」。

おや、まぁ、なんてことだ！　物乞いに物を乞うとは。私はまごつき、うろたえた。それからやっと、袋の中の麦の粒を取り出し、あなたに渡した。

夕方になり、袋の中身を開けたところが、がらくたの山の中に金のかけらを見つけた。その時の私の驚きといったら。

あなたに私のすべてを差し上げる心を持たなかったことを、どんなに悔やんで泣いたことか。

（タゴール、『ギタンジャリ』より）

「与えなさい。そうすれば、あなた方にも与えられる。押し入れ、揺さぶり、溢《あふ》れるほど升《ます》の量りをよくして、あなた方のふところに入れてもらえる。あなた方が量るその升で、あなた方も量り返されるからである」。（ルカ6・38）

18　若い農民

世継ぎに恵まれないある王が、ふれがきを出した。王家の一員になりたい若者は申込書を持って宮殿に集まれ、と。必要な資格は二つ、神への愛と隣人への愛だった。

一人の若い貧しい農民も申込書を出したいと思ったが、ぼろ服を着たわが身を見れば、身の程知らずのようでもある。しかし、彼は一生懸命に働いて稼ぎ、新しい服を手に入れたので、さて王家に入れるものかどうか、運だめしに出かけた。

宮殿までの道のりも半ばにさしかかった頃、若者は道端で寒さに震えている哀れな物乞いに出会った。気の毒に思った若者は、服を取り替えてやった。またぼろ服に戻ってしまったからには、宮殿に行っても仕方がないという気はしたが、村からはるばる出向いて来たのだから、とにかく予定どおり旅を続けようと、若者は考えた。

こうして、彼は宮殿にたどり着き、ご家来衆にあざけり笑われたものの、王に目通りすることができた。ところが、驚いたことには、王を見れば、彼が道で出会ったあの物乞いではないか。しかも、若者が与えた服を着ているのである。

王は玉座から降り、若い農民を抱いて言った。

「よく来てくれた。わが息子よ」。

善いサマリア人（ルカ10・30―37）

【ルカ10章33―37節】

「……旅をしていた、一人のサマリア人がその人のそばに来て、その人を見ると憐れに思い、近寄って、傷口に油とぶどう酒を注ぎ、包帯をした。それから、自分のろばに乗せて宿に連れていき、介抱した。翌日、サマリア人はデナリオン銀貨二枚を取り出し、宿の主人に渡して言った、『この人を介抱してください。費用がかさんだら、帰ってきた時に支払います』。さて、あなたは、この三人のうち、強盗に襲われた人に対して、隣人となったのは、誰だと思うか」。律法の専門家が、「憐れみを施した人です」と言うと、イエスは仰せになった、「では、行って、あなたも同じようにしなさい」。

19 光の村

真っ暗な洞窟で暮らしている人々がいた。彼らは一生の間、手探りしながら、お互い同士つまずいたり、ぶつかったりして過ごした。どこか地下牢の暮らしに似ていた。

しかし、ある時、洞窟に、「おまえを国々の光にしよう。おまえは私の民、すべての人の道しるべの明かりとなる」と言う声が響いた。それ以来、人々は皆、ここを明るく照らしてくれるものを、必死に探していたのである。

では、どうすれば光が現れるのか、どこをどう探せばいいのかとなると、さっぱり見当がつかない。なにしろ、光とはどんなものか、誰も知らなかったのだから。彼らが光を探すありさまは、それはこっけいだった。手に触れるものには、まず、しがみつき、つまずくものがあれば逃さず、「私のだ。これは私のだよ」と叫ぶ。「もしかして、これが光かも……」と思うからだ。

そんなある日、一人の男の子が生まれた。村人たちはその子がどんな子かと手で触れてみるや、「この子は変わってる」と口々に言った。成長するにつれ、その子どもが皆とどこか違うので、両親も心配し始めた。態度や振る舞いも違うし、その上、「手伝いましょうか」と、人に声などかけるのだ。

暗闇《くらやみ》の洞窟で、そんな言葉が話されたことはかつてなく、それは大きく反響し、閃光さえ放ったように思えた。その子は、折があれば、「探すのを手伝いましょうか」と言う。彼の姿は、ろうそくの小さな炎のようにポッとあたりを照らし出した。洞窟の住民はその子が「光」なのだ、と分かってきた。

そのうちに、人々は彼ら自身も光なのだと、気づき始めた。ただ消えたり、汚れたりしていただけで。それからは、誰かが人を手助けするたびに、その人のうちに光が射した。こうして、少しずつではあるが、洞窟は「光の村」へと変わっていった。

「その光の村はどこにあるの？」と、私はこの話をしてくれたホタルに尋ねてみた。ホタルは言った。「どこにあるか、本人にしか分からない。見つけたかったら、心の中の地図で探すんだ。そうしたら、光になりたいと思う人には、見つかるよ」。

「光は闇の中で輝いている。闇は光に打ち勝たなかった」。(ヨハネ1・5)

【ヨハネ1章1―5節】

初めにみ言葉があった。み言葉は神とともにあった。
み言葉は神であった。
み言葉は初めに神とともにあった。
すべてのものは、み言葉によってできた。
できたもので、み言葉によらずにできたものは、何一つなかった。
み言葉の内に命があった。
この命は人間の光であった。
光は闇《やみ》の中で輝いている。
闇は光に打ち勝たなかった。

20　愛の言葉

マヌエルというアフリカの男の子の話がある。聞きたがりやのマヌエルは、ある日、こんなことを尋ねた。

「神様はどんな言葉を話すの?」

誰も知らなかった。マヌエルは国中を尋ねて巡ったけれども、答えてくれる人はいなかった。

そこで、彼は答えを探して、他の大陸も巡り歩いた。それでも、長いあいだ、さっぱり答えは見つからなかった。

とうとうある夜、ベツレヘムという村に着いた。村の宿屋には場所がなかったので、一晩夜露をしのぐ所を探しながら、村外れまでやって来た。ある洞窟をのぞいたところ、そこは生まれたばかりの子どもを抱いた若い夫婦で、もうふさがっていた。引き返そうとした時に、若い母親が彼に話しかけた。

「ようこそ、マヌエル。あなたを待っていました」。

マヌエルはその女の人が自分の名を知っているのに驚いた。そして続けてこう言ったので、ますますびっくりしたのだった。

「長いあいだ、あなたは神様はどんな言葉を話されるかと世界中を探して来たのでしょう。そう、旅は終わったのですよ。目的地に着いたのですから。今夜、あなたはその目で神様の言葉を見ています。神様の言葉は愛です。分かち合うこと、他の人を理解すること、いつくしむこと、誰をも完全に受け入れること。それが、神様のお話しになる言葉です」。

イエスの誕生と羊飼いの訪問（ルカ2・1―20）

21　寛大な木

葉も濃く生い茂った木があった。雨にも風にも揺るがない強い木だった。しかし、そんな木にも泣き所があった。自分自身よりも、ずっと愛しく思っている小さな男の子だ。母親が腕にその子を抱き、毎日のようにやって来て、節くれだった幹に寄りかかったり、たくましく張り出した根に座ったりして子守歌を歌い、寝かしつけていた頃から、愛し続けてきたのだった。

ある日、母親が死んだ。坊やは、まだ四歳だった。それ以来、木は心の奥底に、坊やの亡くなった母の親心が芽生え育っていくのを感じた。その子をかわいがり、そばに来るのを見ると、呼びかけた。

「やあ、よく来たね。遊びに来たのかい。私の花と葉を摘んで、冠をお作り。ほら、かぶってごらん。坊やは森の王様だ」。

子どもは大きくなった。別の願い事が心を占めるようになった。いろいろな物が欲しくなった。でも、何も持っていない。彼の顔は悲しそうに曇り始めた。

木は少年に言った。

「おいで。私の腕に登ってごらん。実がたくさんなっているから、欲しいだけ取って市場に持っていき、売ればいい。そしたら、お金が手に入るよ」。

木にとって、寂しい日々が過ぎていった。しかし、ある朝、もう今は青年になった坊やが、深刻な顔で、木のもとに戻ってきた。

「どうしたんだい。ずいぶん元気がないね」。

木は心を痛めて尋ねた。

「自分の家が欲しいのに、材木がないんだ」。

「心配はいらないよ。斧を取って、私の太い枝をお切り。それで家を建て、幸せにおなり」。

しかし、男の心はまだ満たされなかった。森のそばの、しゃれた木の家に住むのにも飽き、森の茂みに、また分け入って来た。木は彼の姿を遠くに見るや、うれしさに体を震わせ、尋ねた。

「また元気がないようだね。どうしたんだい。材木が足りないのかね」。

「材木は十分あったよ。でも、僕は毎日同じ景色を見て暮らすのは、もうたくさんだ。遠くの国々には、美しい海や夢のような景色があって、変わった人々がいるってことだよ。ああ、行ってみたいなぁ。でも、舟もないのさ」。

「心配しないで、もう一度斧を取って、私の幹を根元からお切り。それで舟を造るといい。残りの枝で、オールができる」。

年月が過ぎ、寛大な木は年老いた。小さな新芽が幾つか伸びたので、かろうじて生きている。そんなある日、ついに古い友達がやって来るのが目に入った。はじめは、誰だか分からなかった。なにしろ、足取りのおぼつかない老人だったから。

「久しぶりだね。今度は何が必要なのかね」。

木は、老人にそう声をかけた。

「何も。何もいらない。旅に、すっかり疲れてしまった。いま欲しいのは、腰を下ろして休む所だけさ」。

老いた木は言った。

「まぁ、ここに来て、切り株にお座り。他には何もできないけど。ゆっくりお休み」。

そうして、今は老人になったあの日の子どもは、木の所に来て、腰を下ろし、ホッと息をついた。

最後の贈り物をすませた木は、満足して死を迎えたのだった。

イエスの奉献（ルカ2・22―38）

【ルカ2章22、33―35節】

さて、モーセの律法に定められた、彼らの清めの日数《ひかず》が満ちると、両親は幼子《おさなご》を主にささげるために、エルサレムへ連れていった。

………

父と母は、幼子について言われた言葉を聞いて不思議に思った。シメオンは彼らを祝福して、母マリアに言った、「この子は、イスラエルの多くの人を倒したり立ち上がらせたりするために定められ、また、逆らいを受ける徴《しるし》として定められています。あなた自身の心も剣《つるぎ》で貫かれます。それによって、多くの人のひそかな思いが、露《あら》わにされるでしょう」。

22　遅れて来た王

ドイツに美しい伝説がある。

あの夜、ベツレヘムの馬屋を訪れた王は、実は四人で、四人目の王は名をアルタバンといった。四人は西へと旅立つために、東の国のある宮殿で落ち合うことにした。時間には遅れないと約束して……。

ところが、アルタバンが来ない。三人は一昼夜待った。いったいどうしたというのだろう。

四人目の王アルタバンは、お生まれになったイスラエルの王に、ダイヤモンド、エメラルド、ルビーの贈り物を携え、予定どおり、まだ夜も明けやらぬ頃、彼の宮殿を出発した。ほどなく街を抜け、山賊の潜む山中に入った。山賊どもは闇にまぎれて襲うのが常だったので、彼は山路を急ぎ進んだ。ところが、突然、アルタバンは男の叫び声を聞いた。彼は驚き、らくだをわきに寄せて、あたりを見回した。すると、道の下の方に、一人の男が半死半生の状態で倒れていた。まわりの石は血で汚れている。アルタバンは、急いで降りて、男をらくだに乗せ、近くの宿屋まで連れていった。けが人のところに残り、傷の手当てをし、床に寝かせ、寝ずの看病をした。宿屋の窓から、遠くの空に、一つの星が夜の闇の中を、ゆっくりと進んでいるのが見えた。

朝の光に、アルタバンは目を覚ました。もうゆっくりしてはいられない。けが人に宿屋の支払いと治療をするようダイヤモンドを渡すと、アルタバンは、そっと旅立った。

待ち合わせの場所に着くと、伝言が置いてあった。「二日二晩待った。これ以上は待てない。キャラバン隊の道を、パレスチナの方にずっと進め。きっとわれわれに追いつけるだろう」。

アルタバンはさっそくキャラバン隊に入った。世の貧しい者の常で、手にしたこともない富やさまざまな楽しみについて、あれこれ語らいながらにぎやかに旅する人々と共に、道を行った。誰か貧しい者のことを思い出してくれる人が来るという希望を、皆が待っていた。アルタバンは、その時が近づいていると皆に言って聞かせた。平和と喜びをもたらす方がパレスチナにお生まれになるのを星が告げていると。ある十字路で、アルタバンはキャラバン隊と別れ、彼らはエジプトへ、彼はパレスチナへと向かった。アルタバンが一人になるとじきに、椰子《やし》の葉陰から、子どもの泣き声が聞こえた。彼は捨ててもおけず、道をそれて様子を見に行くと、男の子が死んだ母親のそばで泣いていた。

「坊や、どうして泣いているのだね」。

「ぼくの母さんが死んじゃった」。

「二人だけで暮らしていたのかい」。

「そうだよ」。

「他には家族はいないのかい」。

「誰もいない」。

「この宝石をあげよう。エメラルドといって、とても高価なものだ。これを売れば、当分暮らしには困らないだろう。坊やが一緒に来る気がなければ、私はもう待つ時間がないから」。

アルタバンは袋の中を見た。ルビーが残るばかりだ。けれども彼は満足だった。そして、旅路を急ぎ進んだ。オアシスにさえ、立ち寄らなかった。そこには泉が湧き、エジプトに向かっているらしい家族が、ロバに水を飲ませていた。妻は若く、赤ん坊を抱いていた。夫の方がもの言いたげに、彼をじっと見つめた。

ベツレヘムに着くと、町は悲しみに沈んでいた。ヘロデの兵たちが家々に押し入り、幼子を殺したのだ。アルタバンがユダヤの王のことを尋ねると、敵意もあらわに彼を見る者もいる。やっと一人の女が、「その家族はエジプトに逃げたよ」と教えてくれた。

アルタバンはこれを聞くが早いか、らくだの首を巡らせ、急ぎエジプトへ向かった。エジプトでは、ベツレヘムから逃れてきた家族を尋ねて、ユダヤ人の集落をすべて回ったが、誰も消息を知らなかった。万策尽きた彼は、故郷に帰った。そして、三人の仲間から、彼らの見たことをすべて聞いたのである。ある洞窟の上に止まった星のことも、生まれたばかりの王を見つけたことも、王に黄金、没薬、乳香をささげたことも。

月日は流れ、三十年が過ぎた。と、その頃、イスラエルに不思議な男が現れたといううわさが東の国まで届いてきた。病人を癒やし、群衆の心を引きつけ、貧しい人に良い知らせを告げているという。あの方に違いない。アルタバンは矢も盾もたまらず、もう一度、らくだに乗り、秘蔵の宝として大事にしていたルビーを携え、パレスチナに向かった。

エルサレムに着いたのは、金曜日だった。町は昼間であるにもかかわらず、人気がなかった。彼は町を横切り、城壁の外に出た。そこの、カルワリオという丘の上に、三本の十字架が立ち、周りを群衆が取り巻いていた。彼が近づこうとしたその時、突然太陽が光を失い、大地は揺れ、大きな岩がらくだの上に落ちかかった。アルタバンは、ユダヤの王のために持ってきたルビーを、右手に握りしめたまま死んだ。

目を覚ますと、アルタバンは門の前にいた。何か別の世界のようだった。彼のそばには、カルワリオで十字架にかけられていたあの人と、もう一人別の男がいた。この男は名をディスマスと言った。ディスマスはアルタバンにほほ笑みかけて言った。

「もうずいぶん前のことになりますが、私はあなたを忘れはいたしません。私があの時の子どもでございます。椰子《やし》のそばで母が死んだ時、あなたはエメラルドをくださいました」。

アルタバンはあの人にルビーを差し出して言った。

「どうぞお受けください、主よ。このルビーは、ずっとあなたのために大事に持っていたのです」。

その人はルビーを受け取ると、台座にはめ込むように、右の手のひらの傷に当てられた。それは、血の滴のように見えた。そして、天の門に手をかけ、彼ら二人のために、またすべての人のために、門を開かれた。そう、アルタバンは間に合った。

「……彼らがかつて昇るのを見たあの星が、彼らの先に立って進み、幼子のいる場所まで来て止まった。彼らはその星を見て、非常に喜んだ。家の中に入ってみると、幼子が母マリアとともにおられた。彼らはひれ伏して幼子を礼拝した」。（マタイ2・9—11）

【マタイ25章40節】

「すると王は答えて言う、『あなた方によく言っておく。これらのわたしの兄弟、しかも最も小さな者の一人にしたことは、わたしにしたのである』」。

23　スイカ退治

スーフィーに、こんな話がある。

昔々、ある男が国を出て、あちこち放浪した末、愚か者の国という所に行き着いた。ほどなく、麦の刈り入れに出かけていた人々が、畑からほうほうの体《てい》で逃げ帰ってきたのに出くわした。

「畑に化け物がいる」、と彼らは口々に言った。

行ってみると、なんとスイカのことだった。彼は「化け物」退治を買って出た。そして、スイカを茎から切り取ると、真っ二つにし、食べ始めた。ところが、人々はそれまでスイカを恐れていたのにも増して、彼を怖がりだした。

「追い払わないことには、次は私たちを殺すに決まってる」と彼らは言い合った。

そこで、手に手に棒やすきを振りかざして、彼を追い払った。

しばらくして、愚か者の国に別の男がやって来た。そして、前とまったく同じことが起こった。しかし、今度の男は、「化け物」退治を申し出るかわりに、化け物は危険だと皆と話し合い、慎重にその場所から退去することで、彼らの信頼を勝ち得た。男は何年も彼らと共に住み、徐々に肝心なことを納得させていった。そうして、スイカへの恐れを解消するばかりか、スイカの栽培にまで導いたのだ。

＊　イエスはナザレ村での三十年の隠れた生活の間に、私たちと悲しみも喜びも共にされた。私たちの一人として、共にあって仕える生き方。

ナザレでの生活（ルカ2・51—52）

【ルカ2章51—52節】
それから、イエスは両親とともにナザレに下って行き、二人に仕えてお暮らしになった。母はこれらのことをことごとく心に留めていた。イエスは知恵も増し、背丈も伸び、ますます神と人に愛された。

24 あなたがたの中に救い主が

隠修士は洞窟で祈っていた。目を開けると、思いがけない客が前に座っていた。山のふもとの大修道院、「ナザレの聖家族修道院」の院長だった。

院長の話というのはわびしい限りだった。昔、彼の修道院は若い志願者が大勢いて、聖堂には、修道士たちの歌う聖歌が美しいハーモニーで響いていたものだ。しかし、今は、霊的糧を求めて修道院にやって来る人はいない。山のようにいた若い志願者もいなくなり、わずかに残った修道士の間では、義務を果たすだけのもの悲しいマンネリの生活が目立ち、喜びも互い同士の優しい思いやりもない。このようなありさまでは、修道院が「ナザレの聖家族」の名を持っているのが、かえって皮肉である、と。

「これほどひどい状態になるとは、いったい私たちはどんな罪を犯したというのでしょうか」、と院長は尋ねた。

すると聖徳の名も高い隠修士は答えた。

「あんたがたの罪は無知の罪じゃ」。

「で、それはどういう罪ですか」。

「あんたがたの中に救い主がいるのに、それに気づいていないのだからな」。

隠修士は、それだけしか答えなかった。

重い気持ちで修道院に帰る道々、修道院長は不思議な思いにかられて考えた。誰が救い主なのだろう。もしや台所係の修道士かな。香部屋係かな。会計係か。それとも副修道院長だろうか。いや彼じゃあ、あるまい。あいにくだが、あまりにも欠点が多過ぎる。

修道院に戻ると修道士たちを呼び集め、隠修士に聞いたことを話した。修道士たちは、信じ難いといった様子で顔を見合わせた。救い主がここにいるだって？　とんでもない話だ。しかし、もし姿をやつしておられるとしたら、たぶん彼か、それとも……。それからというもの、修道士たちは、お互いに尊敬と愛をもって接するようになった。そして、大修道院は以前の喜びにあふれた雰囲気を取り戻し、若い志願者と美しい聖歌が、また院内に満ち満ちたのである。

ナザレの家庭に倣う愛の生活

あなた方は神に選ばれた者、聖なる者、愛されている者として、思いやりの心、親切、へりくだり、優しさ、広い心を身にまといなさい。(コロサイ3・12)

【コロサイ3章13節】

互いに耐え忍び、誰かに不満があったとしても、互いに心から赦《ゆる》し合《あ》いなさい。

主があなた方を心から赦してくださったように、あなた方もそうしなさい。

25　二つの種

　暑い夏が、果物を熟させ過ぎていった。秋風とともに、夢にまで見た豊穣《ほうじょう》への種の冒険が始まる。根を張り、生長し、花を咲かせる良い土地を探して飛び出そうと、生命の可能性をいっぱいにはらんで、種たちの心はうずうずしている。

　二つの小さな種も、そんな将来の計画を打ち明けあった。

「ぼくは清潔で上品で豪華な所に落ち着きたいな。肥やしの匂いのする土は大嫌いだ。残飯や汚い土くれはいやだよ」

　と一方の種は言い、風に乗って飛び立った。

　これに答える間もなく、もう一方の種もそよ風に運ばれてふわりと舞い上がり、堆肥をいっぱい施した湿った土に降り立った。そして、つつましやかに、温かい土くれの陰にそっと身を潜めた。自分自身の中に、やがて生まれる命の、幸せを告げるうごめきを感じ、希望をもって待ちはじめた。

同じ頃、先に飛び立った種も、大飛行を終えるところだった。宮殿の青銅のスレート屋根めがけて降りることにしたのだ。そして、大理石の輝く階段に降り立ち、幸運に満足して大理石の穴の一つに潜り込んだ。清潔で上品でしかも豪華な住まいは、誇るに足るものだった。しかし、じきに、種は気づいた。そのぜいたくな住まいは、孤独と死をもたらす悲しい墓に他ならないと。

＊　黄金や宝石は命を生まない。土くれと堆肥から命は生まれ、花が咲きこぼれる。

「心の貧しい人々は、幸いである、……」。（マタイ5・1―12）

26　牛乳桶《おけ》の二匹のかえる

二匹のかえるが誤って牛乳桶に落ちた。必死で牛乳の中を泳ぎ回り、桶の縁からはい上がろうとしたが、その努力もむなしかった。逃げるすべはない。閉じ込められたのだ。

一匹は、希望もないのに、助けを待つのは無駄だと考え、戦うのをやめた。そして桶の底に沈んで溺れてしまった。

もう一匹は、諦めなかった。なんとか逃げる手だてがあるはずと信じ、それを見つけようと決心したのだ。そこで、力を振りしぼって牛乳を足でかき、懸命に泳ぎ回った。そのうち、ふと気がつくと、いつのまにかバターの塊のてっぺんに座っているではないか。かえるはどれほど驚き、ホッと胸をなで下ろしたことか。一生懸命かき回したせいで、牛乳がバターになったのだ。そこで、かえるは少し休んで元気を取り戻し、ピョンと桶から飛び出した。

いちじくの木の喩《たと》え

ご主人さま、今年もう一年、このままにしておいてください。……そうすれば、来年は実を結ぶでしょう。（ルカ13・6―9）

【ルカ13章6―9節】

イエスは次の喩えを語られた、「ある人が、自分のぶどう園にいちじくの木を植えておいた。ある日、その実を探しにいったが、一つも見つからなかった。そこで、ぶどう園の番人に言った、『三年このかた、このいちじくの木に実を探しに来ているのに、一つも見つけたことがない。切り倒しなさい。なぜ、土地を無駄《むだ》に使っているのか』。すると、番人は答えた、『ご主人さま、今年もう一年、このままにしておいてください。木の周りを掘って、肥料をやってみます。そうすれば、来年は実を結ぶでしょう。もしそれでもだめなら、切り倒してください』」。

27　ギリシャ人と中国人の絵画コンクール

何世紀も前のこと、ある王が「絵画コンクール」を開いた。二つのグループが賞を目指して競うことになった。ギリシャ人グループと中国人グループである。王は彼らに、宮殿の大広間を見せた。広い壁の天井の高い間である。そして、一つのグループは右の壁に、それに向かい合った左の壁にはもう一つのグループに、それぞれ絵を描くようにと言い渡した。ただし、互いにまねし合うことのないように、双方の壁の間を、大きな厚いカーテンで仕切るようにとも命じた。画家たちは、制作中に競争相手の作品を見ることができないわけである。こうして、ギリシャ人の画家たちが、まず仕事に取りかかった。木炭で下絵を描き、赤や青、緑に黄色と鮮やかな色を溶いて、一週間もすると壁画はずいぶんとはかどった。それは山や滝や木立《こだち》のある、目の覚めるように美しい風景画だった。一方、中国人の画家たちは、水をいっぱいに入れた桶と先にへちまをくくりつけた長いさおで、壁を上から下まで、何度も丹念に磨き上げた。一週間が過ぎても、彼らはまだ磨き仕事を続けていた。

二週間目が終わると、ギリシャ人たちは、壁画が完成したと王に知らせた。中国人たちも、やはり仕事が終わったと報告した。王は、驚いて中国人たちに言った。

「しかし、お前たちは、壁を磨いただけではないか」。

中国人たちは答えた。

「陛下、仕切りのカーテンをお取りくださいましたら、私たちの作品をお目にかけましょう」。

王は、コンクールの審査員立ち合いのもとで、仕切りを取り払うように命じた。すると、まず、ギリシャ人たちのすばらしい壁画が目に入った。しかし、次に中国人たちの壁に目をやった人々は、ただうっとりと眺め入った。その鏡のように磨き上げられた壁には、ギリシャ人たちの壁画が映っていたのだ。ただし、実物よりも、はるかに謎めいて魅力的で非凡だった。結局、中国人グループが満場一致でコンクールに勝ったのである。

ギリシャ人は人間的努力を表す。中国人は浄化の神秘を表す。浄化の神秘、それは私たちの心の壁を清める洗礼の恵みだ。

イエスの受洗

イエスは洗礼を受けると、すぐに水から上がられた。……。（マタイ3・16）

【マタイ3章13―17節】

イエスはガリラヤからヨルダン川にいるヨハネのもとに来られ、彼から洗礼を受けようとされた。しかし、ヨハネはそれを思い留《とど》まらせようとして言った、「わたしこそあなたから洗礼を受けるべきです。あなたがわたしのもとにおいでになったのですか」。イエスは仰せになった、「今は、止めないでほしい。このように、なすべきことをすべて果たすのは、わたしたちにふさわしいことだから」。そこで、ヨハネはそのとおりにした。イエスは洗礼を受けると、すぐに水から上がられた。するとみるみる天が開かれ、神の霊が鳩《はと》のようにご自分の上に降《くだ》ってくるのをご覧になった。そして、天から声がした、「これはわたしの愛する子、わたしの心にかなう者である」。

28 渇き

渇きのために唇はひび割れ、舌は腫れ上がっていた。口の中で動かすこともできないほどに。ときおり、一言二言話すだけだ。

「陸地は見えたか」。

「いや」。

「一滴の水と引き替えなら、何でもやるぞ。塩水はこれだけあるのに、飲めないときてる」。

「飲んだら死ぬぞ」。

「元気を出せ。最後まで希望を持つんだ。神は、人を水に落とすことはあっても、溺れさせないもんだよ」。

四世紀前、スペイン人の船乗りの間で、およそこんな会話が交わされた。新世紀発見と一獲千金を夢見て、インドを目指して船出した人々である。しかしこの時ばかりは、ほんの数口の水のためなら、皆、どんな財宝でも喜んで投げ出しただろう。

太陽は容赦なく頭上に照りつけていた。陸地はまだはるか遠く、潮の流れが強いため、逆に沖へ沖へと押し流されていたのだ。疲労困憊《こんぱい》しながらも、岸にたどり着こうと、彼らはボートをこぎ続けた。

海水を飲むのは、体にも渇きにも最悪のことだが、一人がとうとうこらえきれずに、手で海水をすくい、口に運んだ。

「奇跡だ！　これは真水だよ」。

他の者たちは信じられなかった。あまりに疲れ果て、のどが渇き、思考も渇き枯れ果てて、世界最大の水量を誇るアマゾン川の、幅五十キロメートルもある河口の沖にいることに思いいたらなかったのだ。その水量の多さのため、河口あたりの海面は、何マイルにも渡り真水になっていた。スペイン人の船乗りたちは、思う存分水を飲んでから、あたりを見渡したが、陸地は見えなかった。そこで、これは奇跡だと考えた。何日もの間、真水の上を航海していながら、のどの渇きで死にかけていたという事実が分かったのは、ずいぶん後のことだった。

＊　神は私たちの渇きを、洗礼の恵みの「真水」で癒やしてくださる。

「洗礼はイエスにとって罪の世界への入り口、私たちにとっては罪の世界からの出口であった」。（エルサレムの聖キュリロス）

神よ、わたしの神よ、わたしはあなたを切に求めています。

乾き衰えた大地が水を求めるように、わたしの魂はあなたを切に渇き求め、わたしの体はあなたにあこがれています。（詩編63・2）

29 アフリカの少女とシマウマ

アフリカの真ん中にあるケニアに行った宣教師の話である。

彼の教会の近くに、地域の子どもたちのための小学校があった。ある日、村の司祭であった彼は、質素な学校の教室に集まった子どもたちに、神様の話をするように頼まれた。八歳から二十歳までの、五十人の元気いっぱいの子どもと青年たちだ。

彼はヨーロッパ系の白人だったが、小さな黒い肌の子どもたちに、こんな質問をした。

「さて、もしもだよ。善い人はいつも黒い色をしていて、悪い人は白い色をしているとすると、君たちは、どっちの色かな」。

教室は、しばらくシーンと静まり返った。とうとう、後ろの方にいた十歳くらいの女の子が手を上げ、立って質問に答えた。

「私はシマウマのようだと思います。黒と白のしま模様の」。

野生のシマウマの群れが草原で草を食《は》んでいるのを身近に見慣れている少女は、この動

物の中に自分の心の様子を見てとったのだった。

「良い子の時は私は良いことをします。その時は黒いです。でも、悪い子の時には、誘惑に負けて悪いことをします。その時は白になります。黒と白。だから私はシマウマみたいに、黒と白のしま模様です」。

わたしたち、つまり、わたしとシルワノとテモテがあなた方のもとで告げ知らせた、神の子イエス・キリストは、「はい」であったり、「いいえ」であったりする方ではありません。この方においては、「はい」だけがあります。神のありとあらゆる約束は、イエス・キリストにおいて「はい」となっているのです。それで、わたしたちがこの方によって「アーメン」と唱えるのは神に対してであり、その栄光のためです。（二コリント1・19―20）

30　曇りのない心

日の出の頃、エキドとトウサンは大寺院の門前を通り過ぎた。腕にはめいめい食料の入った袋を下げていた。目指す修道院は、まだまだ遠かった。

エキドは厳格で、規則に忠実な人物だった。自己放棄に基づく感情の制御を身につけるために、彼はずいぶん努力していた。トウサンはもっと若かった。自分勝手に判断するといって院長によく叱られていたが、義務として果たさなければならない規則ではなく、心を照らしてくれる導きを熱心に求めていた。

二人は川岸を歩いていた。浅瀬を探していたのだが、渡るのは並大抵のことではなかった。流れが急なので、流されまいと思えば、すべりやすい川底で足場をしっかり確保しなければならない。女の人や子どもは渡し舟を使った。小銭を払えば安全に向こう岸まで渡してくれるのだ。

彼らも渡し場に着いた。岸辺の草むらに美しい娘が、渡し船が来るのを、今か今かと待っていた。娘は修道士たちに、舟が来るかどうか、ていねいに尋ねた。そして、もう長いこと待っていること、病気の両親は、きっと彼女を待ちこがれていること、稲が干上がってしまいそうなことなどを話し始めた。トウサンは娘の話が終わるのを待たず、抱えて渡してあげようと申し出た。

衣の裾をからげると、娘を抱え上げ、川を渡り始めた。娘は、ほっそりとしたきゃしゃな体で、羽のように軽かった。足をすべらせないように気をつけて、若い修道士は急流を渡り切り、岸の木立の陰の草地に娘を降ろした。娘は彼に敬虔に身をかがめておじぎをして、礼を言った。

二人が目指す大修道院に着いたのは日も暮れてからだった。夕食の後、エキドは若いトウサンを脇に呼んで、言った。

「私たち修道士は、女性、それも特に若い美しい娘からは遠ざからねばならないのは、よく知っているだろうに」。

トウサンは答えて言った。

「エキド、私は娘をあそこに降ろしてきたよ。しかし、あなたは、まだ頭の中で運んでいるとみえるね」。

「もし右の目があなたをつまずかせるなら、それをえぐり出し、投げ捨てなさい。全身が地獄に投げ入れられるよりは、体の一部を失うほうがましである。もし右の手があなたをつまずかせるなら、それを切り取って、投げ捨てなさい。全身が地獄に落ちるよりは、体の一部を失うほうがましである」。(マタイ5・29―30)

31 足跡

自分の生涯を、夢ではっきり悟ることがある。私は、イエスと岸辺を歩いている夢を見た。昔、弟子たちがカファルナウムやベトサイダでしていたように。浜風が主の上着をそよがせ、髪を吹き乱した。波の打ち寄せる音、そして時折、北風がヒュウヒュウとうなり声をあげた。私は後ろを振り向いた。ぬれた砂に二組の足跡があった。主の力強い足跡と私の足跡。ところが、途中、足跡がただ一組になっているところがある。不思議に思い、私は主に尋ねた。

「私たちはずっと一緒に歩いてきたのではありませんか」。

「そうだよ」。

「ではどうして、あそこには一組の足跡だけが残っているのですか」。

「北風が特にひどく吹きつけた時、あなたが飛ばされてしまわないよう、私はこの腕であなたを抱えて歩いていたのだよ。あなたを心から愛しているので、放ってはおけなかったから」。

そう、砂浜のその部分には、ただ主の足跡だけがくっきりと残っていた。

初めの弟子たちを呼ばれる。(ルカ5・1―11)

【ルカ5章1―3、11節】

神の言葉を聞こうとして、群衆がイエスの周りに押し寄せて来たとき、イエスはゲネサレト湖の岸辺に立っておられたが、岸辺に、二そうの小舟が寄せてあるのをご覧になった。漁師たちは舟を降りて、網を洗っていた。イエスはそのうちの一そう、シモンの舟に乗り、岸から少し離れるようにお頼みになった。そして座って、舟から群衆にお教えになった。

………

そこで、彼らは舟を陸に上げると、一切を捨ててイエスに従った。

32　三本の苗木の未来

大きな農園で並んで育っている三本の苗木があった。若者特有の情熱をこめ、木たちは将来、一人前になった時の抱負を語り合っていた。

一番目の木は、大きなマンションの築材になるのが望みだった。そうすれば、木材としての質の良さを、有名な人々に鑑賞してもらえるからだ。

二番目の木は、世界一美しい船の一番高いマストになるつもりだった。そうすれば、航海する時に、どの港でも注目されるからだ。

三番目の木は、野外劇場の建材になりたかった。そうすれば、彼の前を通りかかる人々は、感心して眺めてくれるだろう。

言い伝えによれば、この三本の木はこんなふうになった。

一番目の木は切り倒され、その一部はある馬小屋のまぐさ桶になった。

二番目の木も切り倒され、質素な漁師の舟になり、ガリラヤ湖の岸辺で長い間を過ごし

た。
三番目の木も切り倒され、十字架の両木になり、ある十字架刑に使われたのだった。

ゼベダイの子らの願い

「……あなた方の間では、そうであってはならない。あなた方の中で偉くなりたい者は、かえってみなに仕える者となり、あなた方の中で第一の者になりたい者は、みなの僕《しもべ》になりなさい。……」。（マタイ20・26―27）

33 案《か》山《か》子《し》

ある村に大変けちな農民がいた。そのけちんぼさときたら、小鳥が地面に落ちた麦を一粒ついばんでも、怒るほどだった。だから、誰も畑に入れないために、毎日寝ずの番をして過ごしていた。

そんなある日、彼に名案が浮かんだ。

「そうだ。案山子を作ろう。そしたら、わたしの畑から鳥やけものを追っ払えるぞ」。

農民は、三本の竹ざおで腕と脚を作り、わらで体を作った。かぼちゃは頭に、とうもろこしの粒は目に、にんじんは鼻に、麦の穂は口にした。

案山子ができ上がると、ぼろ服を着せ、えいっとばかりに畑に打ち立てた。ところが、心臓を入れ忘れたのに気づき、一番できの良い梨を採り、わらの中に埋め込むと、ご満悦で帰っていった。

さて、案山子は風にゆらゆら揺れながら、畑に立っていた。そのうち、すずめが一羽、麦を探して畑にやって来た。案山子はそれを見て、声をあげて追い払おうとしたが、すずめは木の枝に止まって言った。

「子どもたちのために、麦を採らせてくださいな」。

案山子は、「そうはいかないよ」と答えはしたものの、食べ物を願うすずめが、たいそう気の毒に思えたので言った。

「では、私の口を取ってはどうだね。麦の穂でできているから」。

すずめは麦の穂を取り、大喜びでかぼちゃ頭の額に口づけした。案山子は口がなくなったが、とてもうれしかった。

ある朝、今度はうさぎが畑にやって来た。にんじん畑に向かって跳ねていくのを見て、案山子は脅そうとしたが、うさぎは振り返って言った。

「にんじんを一つくれないかな。とてもおなかがすいているんだ」。

案山子は飢えたうさぎが、とても気の毒に思えたので、にんじんでできた鼻を取らせてやった。

うさぎが行ってしまうと、案山子は喜びに声をあげて歌いたいほどだった。口もなし、花の香りをかごうにも、鼻もなかったが、それでも、とてもうれしかった。

そのうちに、おんどりが現れ、そばで鳴き始めた。

「この畑の持ち主のために、あまり卵を産むなと家内に言うつもりです。さもないと、飢え死にしてしまいますから」。

「それはいけない」と案山子は言った。

「私が食べ物をあげるから、奥さんには何も言うんじゃないよ。いいね。私の目を取りなさい。とうもろこしなのだから」。

「そうさせてもらいます」とおんどりは言い、とても感謝して立ち去った。

まもなく、誰かが彼に近づき、言った。

「案山子さん、何か恵んでくれないか。あんたは本当に良い人だ。私はあの農民に追い払われてたんだ」。

「そういうあなたは誰ですか」と案山子は聞いた。「私は見えないもので」。

「私はさすらいの物乞いだが」。

「私の服を持って行きなさい。あげられるのは、もうそれくらいだ」。

さすらい者は、案山子のぼろ服を取り、大喜びで立ち去った。しばらくして、案山子は誰かがそばで泣いているのに気づいた。それは、母親のために食べ物を探している男の子だった。農民は、助けようともしてくれなかったのだ。

「私の頭を持って行きなさい。特大のかぼちゃだよ」。

畑にやって来た農民は、案山子のみじめな姿に、かんかんになり、火に放り込んだ。その時、何かが地面に転がり落ちた。梨でできた心臓だった。農民はフンと笑い、梨を取って食べながら、急を聞いて駆けつけた案山子の友人たちにこう言った。

「お前たちに何もかもくれた、だと。それじゃあ、これは私がいただいておく」。

ところが、梨を一口食べたとたん、農民の様子は、みるみる変化した。案山子の心の優しさが、農民に注ぎ込まれたのだ。

そこで、農民は皆に言った。

「許しておくれ。これからは、お前たちを決して見捨てないよ」。

一方、案山子は煙となって太陽にまで届き、美しく輝く光の矢になった。

「心の貧しい人々は、幸いである、……」。(マタイ5・1—12)

34 虎と狐

森を散策していた男が、足を一本なくした狐に会った。いったいどうやって生きのびているのか、と男は狐に聞いてみた。ちょうどその時、虎が獲物を口にくわえて来るのが見えた。虎はもう満腹していたので、残った肉を狐のためにおいてやった。次の日も神は同じ虎を使って、狐を養われた。

男は、神の計り知れない優しさに、いたく感銘を受けた。

「私も主を信頼して、じっと待つとしよう。主はきっと必要なものをくださるに違いない」。

そうして、何日もじっと待っていたところが、何も起こらない。とうとう、男が飢え死にしそうになった頃、こんな声が聞こえた。

「おまえはとる道を間違ったのだよ。目を開けて、よく見るがよい。そして、虎の模範に倣い、哀れな狐をまねるのはよしなさい」。

その後また、男は森で、ぼろをまとい、寒さに凍えている少女に出会った。満足に食べ

てもいないらしい。彼は腹を立て、神に向かって言った。

「どうしてこんなことを許しておかれるのですか。なんとかなさったらいかがです」。

神は何も言われなかった。しかし、その夜不意に、お答えになった。

「私が何とかしたのは確かだよ。お前を造ったではないか」。

「**あなたがたは地の塩である。……世の光である**」。(マタイ5・13—14)

35 海難救助

漁村は心痛のうちに夜明けを迎えた。前日の夕刻から海が大しけになり、小さな漁船がたけり狂う海に、木の葉のようにもまれ、岩礁に乗り上げて、動きが取れないでいるのだった。

船は荒波の中で、そう長くは持ちこたえられないだろう。嵐が静まるには奇跡を待つしかない。浜辺では大勢の人が、大声で奇跡を祈っていた。

救援の引き船に、悲観的な気分が流れた。すぐにも漁船を曳航《えいこう》しなければならないというのに、そばに寄ることさえできない。はしけを出すのは、とても危険だ。この距離ではロープを投げるわけにもいかない。

そのとき突然、一人の男が漁船までロープを運ぼうと申し出た。危険なことだ。しかし彼は、救命胴衣を身に着け、腰にロープを巻きつけると、荒れ狂う海に飛び込んだ。そして苦心の末、漁船にロープを結びつけるのに成功したのだ。船は安全な場所まで曳航され、乗り組んでいた人々は無事救われた。

嵐はいっそう激しくこそなれ、静まる様子はなかった。「神は嵐を静める奇跡を起こしてはくださらなかった」と誰かが言った。すると別の者が答えた。

「神は私たちの祈りを聞き、奇跡を起こしてくださった。命がけでロープをつないだ人の心と手に」。


「なぜ恐れるのか。信仰の薄い者たちよ」。それから、起き上がり、風と湖をお叱《しか》りになると、大凪《おおなぎ》になった。人々は驚いて言った、「いったい、この方はどういう方だろう。風や湖もこの方の言うことを聞くとは」。(マタイ8・26—27)

36　塩の人形

カールした髪、黒いガラス玉の目、ぴんとそった体。見たところ、それは普通の人形だったが、実は塩でできていた。塩でできた小さな心は、不思議な遠い声をいつも聞いていた。その声は、あるときは、砂浜に寄せては返す波の音のようであり、またあるときは、断崖に砕け散る大海の波のとどろきのようだった。

それは塩の人形を呼んでいた。やむことのない呼び声だった。そしてある日、呼び声を求めて、人形は旅立った。

途中、泉に出会った。しかし、泉はただ、人形の姿を水面に映すばかりだった。次に見たのは、とうとうと流れる大きな川だ。人形は、これが私の探していたものかしら、と考えたが、それは渇いた者の見る幻にすぎなかった。歩き続けると、沼があったが、水はよどみ、だんだんと激しくなる人形の渇きを癒やしてはくれなかった。

ある朝、人形はついに海に出た。波がしぶきをあげて打ち寄せていた。これまでに見たこともない、力強く、美しく広いもの。人形は目のくらむ思いでたたずんだ。ふと、一つの問いが口をついて出た。

「私を呼ぶあなたは誰ですか」。

「すぐに分かるよ。さぁ、中に入ってごらん」。

その声に引き寄せられるように、波打ち際に足を踏み入れると、突然、妙な感じにとらわれた。ふと見ると、足がない。さらに中に入っていくほどに、人形は、少しずつ、自分がなくなっていくのを感じた。それは、心地よいと同時に、苦しくもある体験だった。

人形は、もう一度尋ねた。

「ねぇ、あなたは誰なのですか」。

と、大きな波が覆いかぶさり、人形をすっかり溶かしてしまった。体が波に溶けたと感じた、その時だった。幸せな思いに満たされ、人形は思わず喜びの声をあげた。

「私が誰なのか、今こそ分かったわ」。

生きているのは、もはやわたしではなく、キリストこそわたしのうちに生きておられるのです。今わたしが肉において生きているのは、わたしを愛し、わたしのために身をささげられた、神の子に対する信仰によって生きているのです。（ガラテヤ2・20）

【ガラテヤ2章16―19節】

人間は、律法に定められたことを行うことによってではなく、イエス・キリストへの信仰によるのでなければ、義とされないと知って、わたしたちもキリスト・イエスを信じました。それは、律法の行いによってではなく、キリストへの信仰によって、義とされるためでした。なぜなら、律法の行いによっては、人間は「誰一人義とされない」からです。キリストに結ばれて義とされようと努めているわたしたち自身が、「罪人」だとするなら、キリストは罪に仕える者なのでしょうか。決してそうではありません。もし、わたしが打ち壊したものを再び建てるなら、自分が違犯者であることを示すことになります。わたしは律法によって律法に対して死に、神に対して生きるようになったのです。もはやわたしはキリストとともに十字架につけられています。

37　どこに神を隠すか

ある時、三人の賢人が、誰にも決して見つけられないように神を上手に隠す、という仕事を言いつかった。賢人たちは卓を囲み、慎重に相談を始めた。

一番目の賢人は、神は最も遠く離れた星に隠すのがよかろう、と言った。けれども、二番目の賢人が、それではいつの日にか、高性能のロケットで打ち上げられた宇宙船がその星までたどり着き、神を見つけてしまう恐れがある、と異論を唱え、こう言った。

「むしろ、神を大洋の深淵に隠してはどうだろう」。

三番目の賢人は、しばし熟考したのち、口を開き、いずれ世界の食料対策のため、海底で食物を栽培する日も来るだろうから、神はいずれ発見されてしまうだろうと言った。だから、と賢人は続けた。

「誰にも二度と再び見つけられないように神を隠せる唯一の場所と言えば、一人ひとりの中においてほかにない。そこならば、絶対誰にも見つけられまい」。

あなた方は知らないのですか。あなた方は神の住まいであり、神の霊があなた方の中に住んでおられることを。もし、神の住まいを壊す者があれば、神はその人を滅ぼされるでしょう。神の住まいは聖なるものであり、あなた方はその神の住まいなのです。（一コリント3・16―17）

【一コリント3章14―15節】

誰であろうと、その土台の上に建てた建物が火に耐えれば、その人は報いを受け、焼けてしまえば、その人は損害を受けますが、その人自身は火の中をくぐり抜けて来た者のように救われます。

38　玉ネギの心

野菜や果樹をはじめとして、さまざまな植物でいっぱいの農園があった。涼しくて、気持ちのよい所だったから、木陰に腰を下ろして、目の前に広がる緑を眺め、小鳥のさえずりに耳をすますのは、それは楽しいものだった。

ところがある日のこと、突然農園に変種の玉ネギが育ち始めた。一つ一つ、違った色をしているのだ。赤、黄、オレンジ、紫……。

目もくらむほど美しい虹色の玉ネギたち。それは、優しいまなざしの色、ほほ笑みの色、懐かしい思い出の色だった。

この不思議な輝きの原因を慎重に調査したところ、玉ネギたちは心の中に（玉ネギにもちゃんと心があるのだから）宝石を持っていると分かった。こちらのはトパーズを、あちらのはアクアマリンを、それにルビー、エメラルド……。それはすばらしいことだった。

けれども、どうしたことか、この玉ネギたちは危険だ、放ってはおけない、この畑にふさわしくない、ならず者だと非難する声が上がり始めたのだ。

それで結局、世にも美しい玉ネギたちは、心の宝石を覆い隠さねばならなくなった。そして内側の輝きが見えないように幾重にも覆いをかけていったので、だんだん暗く、醜くなった。しまいには、平凡ななかでもとりわけ平凡な玉ネギになってしまったのだ。

その頃、一人の賢人がここを通りかかり、一息入れようと農園の木陰に腰を下ろした。彼は大変な物知りで玉ネギの言葉も話すことができたので、玉ネギたちに尋ね始めた。

「どうして君たちは内側の宝を隠しているのかね」。

玉ネギたちは口々に答えた。

「仕方なかったのです。何枚も覆いをかけたので。とがめられるのはいやだから、自分でかぶってしまったのでね」。

中には十枚も覆いをかぶった玉ネギもいて、いったいどうして覆いをし始めたのかも、思い出せないありさまだった。情けなくなった賢人は、思わず泣き出してしまった。人々はそれを見て、賢い人というのは、玉ネギの前で泣くものなのだと考えた。だから、今でも、玉ネギが心の中を見せると、誰も皆、泣くというわけだ。きっとこの世の終わりまで。

私たちは神の似姿

「皇帝のものは皇帝に、神のものは神に返しなさい」。（ルカ20・25）

【ルカ20章21―26節】

彼らはイエスに尋ねて言った、「先生、わたしたちはあなたが語られること、教えられることが正しく、またあなたが人を分け隔てせず、真理に基づいて、神の道を教えておられることを知っています。ところで、皇帝に税を納めることはふさわしいことでしょうか、ふさわしくないのでしょうか」。イエスは彼らの悪だくみを見抜いて、仰せになった、「デナリオン銀貨を見せなさい。これは誰の肖像か。また誰の銘か」。彼らが、「皇帝のものです」と答えると、イエスは仰せになった、「では、皇帝のものは皇帝に、神のものは神に返しなさい」。彼らは、民の前でイエスの言葉じりをとらえることができず、かえってその答えに驚嘆し、黙ってしまった。

39　恐れ子、山に登る

英国の女流作家、ハンナ・ヒューナードの、『高地の鹿の足跡』という小説がある。一人ひとりの霊魂にキリストが行われる「変容」の実りである「改革」の日に、この作品のあらすじを紹介したい。

「涙の谷」に住む、「恐れ子」という羊飼いの娘は、「牧者」の羊の番をしていた。いつも、「乱暴」という名の親類一族を恐れて、遠慮しながら暗く悲しく暮らしていた。そのうえ、「恐れ子」は片足が不自由だった。また、口も曲がっていたせいで、表情も固いし、言葉も思うように話せなかった。

そんなある日のこと、「牧者」は彼女を、「完全な愛」が何ものをも恐れず住まう、高い山に登るよう誘った。

「恐れ子」は山路の長い道のりを歩き始めた。しかし、一人巡礼する寂しさに山路の険しさ、夜の闇、ずいぶんな苦労を重ねた。やっと頂上にたどり着くと、そこには「牧者」が待っていた。清い水の流れ落ちる滝がそばにあり、その澄んだ流れは、山から谷の方へと下っていた。「牧者」は「恐れ子」に、滝の水を飲むように勧めた。

「恐れ子」は言葉どおりその清い水をすくって飲んだ。すると、不思議なことに、身も心もすっかり癒やされた。「牧者」は言った。

「これから先、お前は『恐れ子』ではなく、『恵み栄え子』と名乗りなさい」。

娘は、まるで生まれ変わったように、幸せに心が満たされた。そして同時に、自分の使命を悟った。それは、あのさらさらと流れる水のように、山を下り、「涙の谷」に戻ることだった。毎日、びくびくしながら、暗い日々を過ごしているあの大勢の人々に、この山に登るよう告げるために。

ラザロの復活（ヨハネ11・1―43）

40 悟り

毎月きちんと、弟子は霊的進歩の状況を、師に書き送った。

初めの月には、こう書いた。

「意識が拡張し、宇宙と一体化するのを経験しました」。

師はこれを読み、ぽいとちりかごに捨てた。

次の月には、こう書いた。

「ついに私は、神があらゆるものの中に現存されていることが分かりました」。

師はこれを読み、ひどく気落ちしたふうだった。

三度目には、弟子は意気揚々と、こう書いてよこした。

「単一にして無限という神秘が、私の目の前に啓示されましたが、それは驚嘆すべきものでした」。

師はこれを読み、あくびをした。

次の手紙には、こうあった。

「生まれる者はなく、生きる者もなく、死ぬ者もいない。われは存在せず」。

師は、天を仰いでため息をついた。

さて、それからひと月、二月がたち、やがて一年が過ぎた。弟子からは、何の音沙汰もない。師はそろそろ霊的進歩を報告する務めを、弟子に思い出させねばなるまいと考え、便りを送った。すると弟子はこう書いてよこした。

「それが、どうかしたんですか」。

これを読んだ師は、顔を輝かせ、満足そうに言った。

「神に感謝。ついに悟りおった」。

＊　自由に憧れることさえ、束縛となる。自分が自由であるか、ないかと気にしているうちは、真に自由にはなれない。足れり、とすることにこそ、自由がある。

主の照らしを願う

イエスの変容（マタイ17・1―9）

41 私は王について行きます

スルタンは、金銀財宝を積んだ行列を従え、砂漠を横断中だった。道中、暑さのあまり疲れ果てたらくだが一頭、とうとう倒れ込んでしまった。背の荷箱が放り出され、たくさんの宝石が砂の上に散らばった。困ったスルタンは、諦めとも寛大ともつかない口調で、小姓や召し使いたちに、それぞれ持てるだけ持っていくがよい、と言った。

皆は、砂の中から宝石を選り出そうと、われ先に飛びついた。一方、スルタンは旅を続けた。ところが、誰かが後を追う気配がする。振り向くと、小姓の一人が息をはずませ、汗だくになって、彼の後について来ていた。

「お前は残って宝石を拾わなかったのか」、とスルタンは尋ねた。

若者は、ごく単純に、しかし敬意を込めて答えた。

「私は王について行きます」。

イエスはエルサレムに入る。（マタイ21・1―17）

イエスは神殿の境内にお入りになった。そして境内で物を売り買いしている者たちをみな追い出し、両替人の机や、鳩《はと》を売っている者たちの腰掛けを倒された。そして、彼らに仰せになった、

【マタイ21章12―16節】

「『わたしの家は祈りの家と呼ばれる』と書き記されている。それなのに、あなた方はそれを強盗の巣にしている」。また境内で、盲人や足の不自由な人がイエスのもとに来ると、彼らを癒《い》やされた。祭司長や、律法学者たちは、イエスが行われた不思議な業や、境内で、「ダビデの子に、ホサンナ」と叫んでいる子供たちを見て、憤《いきどお》り、イエスに向かって言った、「子供たちが何と言っているか、聞こえているのか」。イエスはお答えになった、「聞こえている。『幼子《おさなご》と乳飲み子の口に、あなたは賛美の歌を歌わせた』とあるのを読んだことがないのか」。

42 自分をむなしくする

神に出会うために、私は世を捨てた。苦行の年月に背は曲がり、日に何時間にも及ぶ瞑想が、額に深いしわを刻み、目は落ちくぼんだ。

そしてついにある日、私は神殿の門をたたいた。神の前に私の疲れた手を差し出し、人類のために恵みを乞おうとしたのだ。空の手を……。

「空だって？　その手は傲慢《ごうまん》でいっぱいではないか」。

そこで、私は謙遜を求めて、神殿を後にした。

そうだ。本当に神の言われるとおりだ。私は苦行の日々を送ったが、人々はそれを知り、私を敬ってくれた。私はそれを喜んでいたのだ。

私は人々から軽んじられようとした。懸命に侮辱される機会を探した。道の塵《ちり》あくたのように扱われるよう振る舞った。

「さあ、私の手をご覧ください」。

「ああ、まだいっぱいだ。今度は謙遜で。お前の謙遜も傲慢も欲しくはない」。そこで、私はまた神殿を出た。私自身の謙遜から逃れようと。
私は自分をむなしくすることを学ぶため、今、世界中を巡っている。私の手が空になったら、私自身さえこの手の中になくなったら、神殿に戻ろう。その時こそ神は、私の空の手の中に、その無限の恵みをのせてくださるだろう。

私をむなしくすることこそ、最上のささげ物、ベタニアで香油を注がれる。

（ヨハネ12・1―3）

【ヨハネ12章2―3節】
そのベタニアで、人々はイエスのために食事の用意をした。マルタは給仕をし、ラザロはともに食事の席に着いた人々の中に加わっていた。その時、マリアは非常に高価な純粋のナルドの香油を、一リトラ持って来て、イエスの足に塗り、自分の髪の毛でその足を拭いた。家は香油の香りでいっぱいになった。

43　白い子うさぎ

日本の昔話に、キリストの「聖体」の意味を子どもに教えるのにぴったりのものがある。それはこんな話だ。

昔々、月に一人のおじいさんが住んでいた。おじいさんは、月からいつも地上を眺めていたが、ある日、そこにとても仲の良い三匹の動物がいるのに気がついた。猿と狐と白い子うさぎだ。月のおじいさんはたいそう心を魅かれたので、地上に降り立ち、三匹が遊んでいる森にやって来た。そしていきなり、こう頼んだ。

「私も友達の仲間に入れてくれないか」。

「いいですよ」

と三匹は答え、さっそく新しく友達になった月のおじいさんのために、友情のしるしのプレゼントを探して、てんでに駆け出した。

猿はバナナがたわわに実った木に登り、大きな房を取って来て、月のおじいさんに差し出した。

「これは、ぼくからのプレゼント」。

狐は渓流の速い流れのふちでじっと待ち伏せ、見事なマスがやって来ると、やっとばかりに捕まえて月のおじいさんのところに持ってきた。

「ぼくのプレゼントは、これ」。

ところで、白い子うさぎはたきぎにする乾いた小枝を探して、森の中を一生懸命歩き回った。そして一抱えのたきぎを集めると、月のおじいさんに渡して、こう言った。

「ほら、これがぼくからのプレゼント。この小枝で火を起こして、ぼくをその上に乗せて、黄金色になったら、食べるんだよ」。

月のおじいさんは驚いて言った。

「本当にありがとう。三匹とも私の親友だよ。なかでもうれしいのは、白い子うさぎのプレゼントだったよ。なにしろ自分自身をくれたのだから。さぁ、私と一緒に月に行こう」。

こうして、おじいさんはうさぎを月に連れて行った。だから、今でも、夜、月が出ると、そこに白い子うさぎの姿が見えるのだ……。

「取って食べなさい。これはわたしの体である」。（マタイ26・26）

【マタイ26章26―29節】

一同が食事をしているとき、イエスはパンを取り、賛美をささげて、それを裂き、弟子たちに与えて仰せになった、「取って食べなさい。これはわたしの体である」。また杯を取り、感謝をささげ、彼らに与えて仰せになった、「みな、この杯から飲みなさい。これは、罪の赦しのために、多くの人のために流される、わたしの契約の血である。あなた方に言っておく。わたしの父の国で、あなた方とともに新たに飲むその日まで、今から後、わたしはぶどうの実から造ったものを、決して飲まないであろう」。

44 星の約束

山の頂に二人の修道士が一緒に暮らしていた。一方はかなりの老人で、もう一方は若者だった。背が高く、やせて年老いた修道士の姿は、どこか枯れたぶどうのつるに似ていた。わずかな食べ物をとり、わずかばかり眠り、己に厳しい人物であり、暁《あかつき》の光のさす頃には、もう起き出して祈っていた。若い修道士はといえば、師の行いをあまさず見、その言葉に一心に耳を傾け、老いた修道士を崇敬してやまない様子だった。

二人の住む山頂は観想の生活にはもってこいの場所だった。街のむなしい喧騒から遠く、深い静けさと澄んだ空気。ただ、ほんの少々の不便があった。定期的に買い出しのために谷間に下り、仕入れた食料を背に、また山道を登らなければならないのだ。

道の途中に、泉が湧いている。老いた修道士は疲れて山道を登ってくるたびに、泉の所で、のどの渇きを神にささげ、そこを通り過ぎるのが常だった。神様も寛大さにかけては、負けないお方だ。夜ごとに一つの星を輝かせて、感謝のしるしとされた。それはまるで、忠実なしもべの犠牲を受け入れられた、神のほほ笑みのようだった。

しかし、ある日のこと、この尊敬すべき老修道士は心に疑問を抱いた。泉の水を飲まないのは、彼にとってたいしたことではない。彼の生涯は長い自己放棄の歴史とも言えるのだから。けれどもこの若者はどうだろう。老修道士は、若者が重い食料の袋を背に、汗だくで疲れはて、唇はひび割れているのを見た。彼は迷った。

どうしたものか。飲もうか、飲むまいか。よし、飲むとしよう、とついに老修道士は決心した。何よりもまず愛だ。神ご自身が言っておられる。「私が望むのは憐れみであって、いけにえではない」と。

若い修道士は、すぐに重い袋を肩から降ろし、ひざまずいて思う存分に泉の水を飲んだ。渇きがおさまると、老修道士に笑顔を向けて言った。

「ありがとうございました。のどが渇いて死にそうだったのです」。

二人は、また登り始めた。しかし、老修道士の心は、どうも晴れなかった。

「泉のそばを通って三十年、その間一度も水を飲まなかった。ずっとおささげしてきたのだが……。神は何度も何度もほほ笑んでくださった。今日は、やはり間違っていただろうか。今夜、神はあの懐かしい星として、姿を見せてはくださらないだろう」。

頂上に着いたのは夕暮れだった。夜が来た。すっかり気落ちしていたので、老修道士はほとんど何も口にしなかった。早めに部屋に戻って祈りはじめ、目を上げて地平のかなたを見ようともしなかった。今夜は、神はお現れにはならない、まず間違いなく。

夜も更けてから、彼はこっそりと横目でのぞき見た。そして、思わず声をあげた。これが驚かずにいられれようか。彼の目に映ったのは一つではなく、二つの星だったのだ。

いく歳月を生きてきた修道士の心は、感動にあふれた。

「お教え、ありがとうございます。主よ、ありがとうございます」。

聖体の実りは奉仕と愛。イエスは弟子の足を洗われた。

【ヨハネ13章34節】

「わたしは新しい掟をあなた方に与える。互いに愛し合いなさい。わたしがあなた方を愛したように、あなた方も互いに愛し合いなさい」。

45　父を信じる

植物学者のグループが新しい種類の花を探して、人里離れた山奥に分け入った。ある日のこと、双眼鏡で、それは珍しくも美しい花を探し当てた。切り立った岩に囲まれた深い断崖の底に咲いていていたのだ。花を手に入れるには、誰かを断崖からロープでつり降ろさねばならないが、実のところ大変に危険なことだった。

そこで、学者たちは、先ほどから興味津々にこちらを見ていた土地の少年に近寄り、声をかけた。

「君をロープで下まで降ろしたら、あのきれいな花を取ってきてくれるかい。お駄賃は二十ドルだよ」。

少年は断崖をのぞき込むと、こう言った。

「すぐに戻るから、ちょっと待ってね」。

しばらくすると、少年は年かさの男を連れて戻り、学者の一人に言った。

「ぼく、あの花を取って来てあげるよ。もしこの人にロープを持たせてくれるのなら。この人、ぼくのお父さんなんだ」。

＊　この話は、ゲッセマネの園で苦しみのさ中にあった時にも、イエスがおん父を信頼されたことを思い出させる。どんな困難にあっても、おん父を信頼すること。

ゲッセマネで祈るイエス（マタイ26・36—44）

46　大きくなりたくなかったオリーブの木

種をまく人が、ある農園に種をまいた。まきながら、種一つ一つに愛情をこめて声をかけた。

「空の鳥が来て羽を休めるような大きな木におなり」。

「麦を実らせ、小麦粉になり、一家を養うおいしいパンにおなり」。

「大きくなって、太陽と一緒に回るんだよ」。

そしてオリーブの種には、こう言った。

「料理を引き立てる上等の油を作っておくれ」。

こうして種をまいた人は毎日農園に育ち具合を見に出かけ、植物が各々、茎や葉を出す様子を満足そうに眺めていた。ところが、この植物のうちに、オリーブが見当たらない。まだ地上に芽を出さないでいるのだ。彼はとても心配して、今日か明日かと現れるのを待っていた。

その頃、地中ではオリーブの種がぼやいていた。

「もう芽を出して、しっかり根を張らなくちゃならないのは分かってるんだ。でも、もしも地上に出た後で雨がよく降らなかったら、ぼくは乾いて死んでしまう。それに、もし寒波がやって来れば、凍えてしまう。逆に日照りになれば焦げつくだろうし、誰かに踏みつぶされることだってありうる。ぼくは青空も見たいし、強い木になって星空の下で眠りたい。だけど地上に出て、うまくいかなければ、一巻の終わりだからね」。


オリーブの種は成長しようとしなかった。しかしある日、不安と恐れのただ中で、種をまく人が地中に種をまく時に言ってくれたことを思い出した。

「大きくおなり。私たちにはお前が必要なんだよ。お前のそばをいろいろな人が通りかかり、ここで休んでいくだろう。枝には小鳥が巣をかける。お前の先祖の幹にもたれてイエスは泣かれた……。そんなふうになりたいと思わないかい」。

この言葉を思い出した種は、自分を待つ人がいる、もう地中に閉じこもっていてはいけない、と分かった。

種は成長しはじめた。地上に顔を出すと、種まく人の笑顔に出会った。そこを通っている道が見えた。すると思いきり伸びたくなった。冬の雪と風が襲う。しかし小さなオリーブは風にさらわれないよう、雪の重みで折れないよう一生懸命に戦った。

洪水が幹のところまで来た時にも、小さな木はしっかりと根にしがみついていたので、流されなかった。

そして、毎日午後になると、いつもやって来て彼を見つめ、ほほ笑みかけてくれる種まく人のまなざしがあった。

こうして一年、また一年と大きくなった。その間毎日、木は、人々が道をこちらにやって来ては、そばで腰を伸ばし、地平のかなたに目をやり、また先へと歩み続けるのを眺めていた。

ある日、木は枝の間をりすが跳ね回っているのを見つけた。幹のくぼみに巣を作ったのだ。

木はますます大きくなった。人々は遠くから、オリーブの木が農園のどの木よりも高くそびえているのを眺めた。皆はこの木を特に、「道のオリーブ」と呼んだ。他にもたくさんのオリーブの木はあったが、これほど高くて強い木はなかったから。

そんなある日、もう冬が訪れた頃、木は種まく人が寒さに震えているのに気づいた。そ

こで、種まく人が暖まれるように、たきぎ用の枝を落とした。

しかし、やがて、種まく人がオリーブの木のところに現れない日がやって来た。時が来たと、木には分かった。その夜はひどい嵐になった。鋭い光の矢がオリーブの木を貫き、木は、ただ幹を残すばかりの焼けぼっくいになってしまった。そこで人々は、オリーブの木を、「古いオリーブの焼けぼっくい」と呼び始めた。

その頃、天の国では、神が毎日午後になると、天の国を一巡りされた後、大きな木の陰で一休みされた。いつも眺めてはほほ笑んでおられたあのオリーブの木の下で。

「……。**一粒の麦が地に落ちて死ななければ、それは一粒のままである。しかし、死ねば、豊かな実を結ぶ。自分の命を愛する者はそれを失い、この世で自分の命を憎む者は、それを保って永遠の命に至る**」。（ヨハネ12・24—25）

47 王となる

ロレーヌ侯爵、ゴドフロア・ド・ブィヨン（一〇六〇―一一〇〇）は丈高く金髪、チャールズ大帝の子孫で、第一次十字軍を率い、「キリストの騎士」の模範とたたえられた。彼は七百万の軍勢の先頭に立って一〇九六年、勝利のうちにエルサレムに入り、「聖都」の王に任命されることになった。

ある伝説によると、任命式の前夜、ゴドフロアは不思議な夢を見た。夢の中でいばらの冠をかぶったイエス・キリストに会い、こう言われたというのである。

「私の父は、とげのある燃える柴の中でモーセにお現れになり、彼に語られた。私がピラトの兵卒にかぶらせられたのは、いばらの冠だった。しかしあなたがたは、年月がたつとともに私に純金の冠をかぶらせるようになった。私には、それがとても重く、頭をしめつける。目を上げて見なさい。戦争のせいで、どれほどたくさんの死者や貧民がでたことか。あなたがたが十字軍と呼ぶこの戦いも含めて……。この大勢の人々の苦しみこそ私の『いばらの冠』だ。だから、この世に不正や苦しみのあるかぎり、私はこれをかぶっていたい」。

ゴドフロアは、次の日の任命式で、金の王冠をかぶらせようとする人々に、言った。

「王の中の王であるキリストがいばらの王冠をかぶらせられたこの場所で、私が金の王冠を戴くのを神は喜ばれまい」。

そして、彼は王としてではなく、「聖なる墓の番人」としてエルサレムを統治し、決して王冠を使うことはなかった。

＊　虚飾を好む者は、イエスを思ってはいない。

「……兵士たちは茨で冠を編んでイエスの頭にかぶらせ、……」。（ヨハネ19・1―3）

48　あなたはイエスですか

ある日の宗教の時間に、先生はイエスについて教える前に、子どもたちに言った。

「今日は、君たちみんなに出会ってほしい、一人の人について話そう。彼は、家族よりも友達よりも、ずっと君たちを愛していて、君たちのことをいつも思っている。君たちが知っているどんな人よりも親切で、何度悪いことをしても許してくれるし、どんなに悪いことをしても、いつも君たちを受け入れ、愛し、分かってくれる。善いことをする代わりに、君たちが恩知らずなことをしても、腹を立てず、黙って我慢し、忘れて許してくださる」。

先生はクラスの中の小さな男子生徒が、話を聞くほどに興奮するのに気づいた。突然、その子は、もう我慢できず大声で言った。

「ぼく、先生の話している人を知ってるよ。ぼくんちと同じ通りに住んでいます」。

＊　ピラトはイエスを指して、「見よ、この男だ」と言った。イエスは、すべてのキリスト者の模範。「あなたはイエスですか」。

「……、**見るがよい。この人を**」。（ヨハネ19・5）

【ヨハネ19章1―5節】

ピラトはイエスを連れていかせ、鞭で打たせた。兵士たちは茨《いばら》で冠を編んでイエスの頭にかぶらせ、深紅のマントを着せた。そして、そばに歩み寄っては平手で打って言った、「ユダヤ人の王、万歳」。ピラトはまた外に出ていき、ユダヤ人たちに言った、「さあ、あの男をお前たちの所に引き出す。そうすれば、わたしがあの男に何の罪も見出さないことが、お前たちに分かるだろう」。イエスは茨の冠をかぶり、深紅のマントをまとって出てこられた。ピラトは、ユダヤ人たちに言った、「見るがよい。この人を」。

49　ファン・ペレスの十字架

壁に向いて体をマットレスに押しつける。胃潰瘍の痛みが、またまたファン・ペレスを苦しめはじめた。みぞおちの左側の断続的なさしこみ、それが彼を眠らせてくれない。とうとう起きることにした。痛み止めを一錠、それに睡眠剤を飲み、ベッドに戻った。

ようやく眠りにつくと夢を見はじめた。どこか見覚えのある広い野原の真ん中にいる。それは、母が何度も聞かせてくれた物語の野原だった。十字架でいっぱいの野原。そこでは皆が、今のよりも少しでも軽い十字架はないものかと探し回っているのだ。

そこで、ファン・ペレスも探しはじめた。ひどく重い十字架を両手で抱えてみた。そこには、こう記されていた。

「コンチタ・ロペス、未亡人、六人の子持ち。脊椎《せきつい》と神経を病みながら、子どもを育てるために毎日十六時間働く。子どもたちは言うことをきかない。ぐれてしまった者もいる。

心痛の絶え間がない」。

ファン・ペレスはあわててこれを投げ出した。我慢できないほど重かったから。さらに探し続けていると、お金のことについて書いてあるのが、ふと目に留まった。

「アントニオおよびファニータ・ゴンザレス。億万長者。結婚八年。海に臨む大邸宅に住む。子宝に恵まれず。数多くの名医を訪ね、あらゆる治療と薬の処方を受けるもかいなし。さらに、薬の副作用らしく、子宮に腫瘍が生じ、手術を受ける。現在、治癒の可能性なし。夫人は落ち込んでおり、主人は仕事を半ば中断した状態。跡継ぎの子どもを切望していたのだが、今となってはそれもむなしい」。

ファン・ペレスはその十字架を置き、他のを探しに行った。次のは、まだ新しい木の十字架だった。ロレンソ・ロメロ、十八歳。

「ぼくは信仰と希望と愛をなくした。何も、誰も愛さない。生きる意欲もない。人生はねずみ取りのようだ。みんな捕らわれの身。生きるって？　何のために？　何か理想をくれるのなら、寿命の半分をやってもいい。享楽的に過ごしたところで、心すさむばかりで満たされない。時間の無駄使いだ。麻薬もいっとき現実を忘れさせてくれるが、あとでひどいことになる。無意味だ。何もかも。ぼくの絶望感は深い。逃れる道は自殺することだけだろう」。

　これはたまらない、とファン・ペレスは投げ出した十字架の重さで痛む腕をさすりながらしみじみと思った。そばによく似ているが、もっと古く、持ち上げることもできないほど重い十字架があった。

「アンドレス・マルチネス。嫉妬にかられ、妻と子どもを殺す。激しい議論の末のことだった。銃にもう弾が残っていなかったため、自殺もできず、生き残る。捕らえられ、投獄される。裁判の結果、有罪判決を受けるが、結局、精神に異常をきたし、病院に収容される。美しい夢さえない狂気」。

　ファン・ペレスはおじけづいて他の場所に目を向けた。もっと小さな十字架の群れ。麻《ま》痺《ひ》、手足の障害、アルコール依存症……。向こうの方に、もっと軽そうな十字架が見えた。夫婦の不和、姑との確執、失業、職場でのストレス。一つ一つ手に取ってみたが、それらはまだ、彼には重く感じられた。最後にやっと、非常に軽い十字架を見つけた。もし人生において何らかの十字架を持つとしたら、これに限ると考え、急いで裏返し名前を読んだ。

「ファン・ペレス、胃潰瘍」。

ファン・ペレスは目を覚ました。胃の潰瘍がちくちくと痛んだからだ。しかし、彼は潰瘍にほほ笑みかけたい気分だった。そして、ベッドの頭のところの壁にある十字架に、まるでそれを押しいただくかのように手を差し伸べ、寝返りをうつと、また眠りについたのである。

十字架の道（ルカ23・26―32）

50　見事な壁掛け

ある男に、友人が手紙で、美しいタペストリーを贈ると知らせてきた。田園風景を細密に金糸で刺しゅうしたもので、微妙な色合いに仕上がり、非の打ちどころがないできばえだ、と壁掛けについて最大級の賛辞が書いてあった。値のつけようがないほどだ、と。

数日後、タペストリーが届いた。大急ぎで荷をほどいてみたものの、一目見てがっかりしてしまった。なにしろ、大量の糸が乱雑に張りめぐらされているばかりで、絵柄も判別できなかったのだ。あちこちに複雑につながった結び目が見えた。あれほど褒めたたえてあったすばらしい田園風景など、どこにも見当たらない。すべて友人の想像力のなせる業だったのだろうか、これっぽっちのものをあれほど褒めちぎるとは、と思えてきた。

ところが、なにげなく贈り物を裏返してみて、ハッと息をのんだ。なんと彼は裏を眺めていたのだ。今や、すばらしく豊かな色彩と美しい絵柄を堪能することができた。それは友人のほめ言葉も、まだ十分でないくらいの出来であった。

＊　苦しみや「十字架」も同じ。私たちの見方次第だ。こちらから見れば、無意味ではかげているように思えても、神の目からそれを見れば、自分自身との出会いの機会、他の人々と、そして神ご自身との、またとない出会いの機会に変貌する。

十字架の知恵（一コリント1・17―25）

51　私の腕になりなさい

それは不思議なできごとだった。土地の古老でさえ、どんな次第だったのか、いまだに説明できずにいる。

事の起こりは、ごく普通の夏の日のことだ。野にはまぶしい光があふれ、真昼のけだるい空気は、熟した果物の香りがした。

突然、サイレンが鳴った。防空壕に避難する間《ま》もあらばこそ、大地は爆風に揺れた。敵機は暴れ馬のように、無差別爆撃をしかけ、炎と血と煙、そして嘆きと死をまき散らして去った。

防空壕から出た人々が目にしたのは、無益な憎しみの残骸だった。壊れた家々、死んだ家畜、焼けた畑。主義主張を守るために戦争をすると言うが、生命に値するほどの主義主張がはたしてあるのだろうか。

村人たちは、黙々と再建にとりかかった。まず、雨露をしのぐための家、それから家畜のためのバラック、最後に畑の柵を作った。

村の近くの丘の上に、聖キリスト小聖堂があった。近隣の村人たちは、ここを心のよりどころとしていた。農民たちは畑が干上がれば雨乞いに行ったし、母親たちはいつも家族の誰かれのために祈っていたし、恋する者たちは、思いがかなうよう願いに通った。

だが、聖キリスト小聖堂も壊され、焼けこげた鉄骨と木材、崩れ落ち壊れたれんがの山があるばかりとなった。

人々は廃虚の中から、何日もかかってようやく目指すものを見つけ出した。それは、皆が愛し、慕っていたキリスト像だった。そのあたりに住む者すべての思いのこもったキリスト像だったが、爆弾を受けて、手も足ももぎ取られていた。

村は、寄るとさわるとこの話で持ちきりとなった。あのキリスト像をどうしたらいいだろう……と。

「上手な職人に修繕を頼もう」。

「いや、いくら上手でも、前と同じにはできないよ」。

「新しいご像を手に入れてはどうかな」。

INRI

「とんでもない。このキリスト像は代々受け継いできた尊い遺産だから、子どもたちの代に残さなければ」。

村ではさまざまな議論が沸騰していたが、そんなある日、村人たちは、小聖堂に壊れたキリスト像が掛かっているのを見つけた。もとの場所に、手も無く、足もない姿のままで。そばの壁には赤い字で、不思議な言葉が書いてあった。

「あなたがたが私の腕になりなさい。あなたがたが私の手になりなさい。あなたがたが私の足になりなさい」。

＊　私たちが苦しんでいる隣人のために働く時、私たちはキリストの腕。苦しんでいる人々はキリストの体。

イエスの死（ヨハネ19・28―30）

52　聖なる十字架の勲《いさお》し

コンスタンティヌス帝（二八〇―三三七）は、三一二年、十字架の旗印のもとでマルクス・アウレリウスを打ち破った。その十二年後、夢の啓示に従い、エルサレム巡礼に出かけた母のヘレナ（二五五―三三〇）は、かつてキリストが十字架につけられた丘や、キリストの復活の場所、ベツレヘムの馬小屋の場所に建てられていた神殿や神々の像を壊させた。異教徒であるローマ人たちが、イエス・キリストの足跡を消し去ろうと、こうした神殿を築いていたのである。

ヘレナはキリストゆかりの地の発掘を命じ、キリストの墓と十字架につけられた捨て札と三つの十字架を発見した。しかし、はたしてどれが救い主の十字架なのか分からない。そこで、当時エルサレムの司教であった聖マカリオは、神に祈りをささげたのち、三つの十字架を順に一人の病気の婦人に触れさせた。すると、そのうちの一つの十字架に触れたとたん、彼女の病はたちどころに癒やされた。聖ヘレナはその地に立派な聖堂を建立し、十字架の半分を、銀の箱に納めて安置した。また、他の半分はローマの息子コンスタンティヌスに送り、そこにも、聖なる十字架を記念する聖堂が建てられた。それ以後、コンスタンティヌス帝は、十字架を処刑に用いることを禁じたのだった。

「**友のために自分の命を捨てること、これ以上の愛を人は持ちえない**」。（ヨハネ15・13）

【ヨハネ15章12―14節】

「わたしがあなた方を愛したように、あなた方が互いに愛し合うこと、これがわたしの掟《おきて》である。

友のために命を捨てること、これ以上の愛を人は持ちえない。

わたしが命じることを行うなら、あなた方はわたしの友である。

53　炎

キリストの心の愛の炎は、人間のあらゆる弱さや欠点に打ち勝ち、私たちを内側から変え、彼に似た者とする力を持つ。イソップ物語の次の話は、この愛の炎の力をよく表している。

昔々、あるところに、たいへん頑丈な鋼鉄板があった。斧《おの》と鋸《のこぎり》と金槌《かなづち》、それに炎が次々にこの鋼鉄を壊そうとした。

「ぼくなら壊せる」と斧は言った。そして、鋼鉄にガンガンと切りかかったが、一振りするごとに切れ味が鈍り、とうとう諦めてしまった。

「私がやってみよう」と鋸が言い、鋼鉄の表面をぎしぎしとこすってみたが、じきに刃こぼれして使い物にならなくなった。

「やれやれ、君たちにはできっこないと思っていたよ。さて、ぼくが手本を見せてあげ

よう」と金槌が言った。しかし、初めの一撃で頭が飛んでしまい、鋼鉄には傷一つつかなかった。

「ぼくがやってみてもいいかしら」、と火の中から小さな炎が優しい声でささやいた。

「やめとけ、やめとけ。何ができるっていうんだい」、と他の連中はそろって答えた。

ところが、小さな炎が鋼鉄板をそっと抱きしめると、鋼鉄はやがて、抵抗しがたい炎の熱さに溶けはじめたのだった。

＊　私たちは、キリストの心から生まれた愛の炎のようだろうか。

開かれたキリストの心（ヨハネ19・31―37）

54　小川の石

師は、弟子の報告を聞くのに少々うんざりしていた。毎日やって来ては、すばらしい霊的進歩を遂げている次第を、とうとうと述べ立てるのだ。

「先生、今日の祈りも夢を見ているようでした。祈りの時間が飛ぶように過ぎ、いつものとうもろこし挽《び》きと水まきの仕事に戻るのが、なんとも残念でなりませんでした」。

次の日、

「先生、私は大満足です。あなたがお命じになったことは、完璧にこなしました。どんなに小さなこともおろそかにしていません。朝の祈り、昼の祈り、夕の祈り。沐浴もすませたし、聖母に新しい花もささげました」。

また次の日、

「先生、私はなんという果報者でしょうか。言葉に尽くせない霊的雰囲気に包まれていて、優しい導きを感じます。そよ風が竹を抱くように、神様は私に接してくださるのです」。

ついに、ある夕暮れ、師はこの思い上がった弟子に言った。

「川まで一緒に行こうか」。

「もちろんお供しますとも。新しい祈りの体験に進むのですか」、と弟子は答えた。

師は弟子を伴い、川までの道を行った。陽《ひ》はもう沈んでいた。蜂の羽音が、静かになるように聞こえていた。せみが繰り返し単調に鳴き続けている。空気もまどろみ始めているようだった。川辺に着くと、師は言った。

「上衣をからげて川に入りなさい。もっと中に。もっと、そう、そこだ。流れに手を入れて、石を一つ取りなさい。さあ、それをここに持ってきてごらん」。

弟子は美しい丸石を手に、川から出た。師は石を受け取り、指で回しながらしげしげと眺めてから、弟子に返した。

「では、この石を半分に割ってごらん」。

弟子はそのとおりにして、きれいに割れた石を師に渡した。

「先生、石を割りましたが、次には何をいたしましょうか」。

「このきれいな丸石をごらん。どれだけの水がこの石を包み、洗い流し、磨き上げたことだろう。けれども、水は中までしみ込んではいない。よく見てごらん。中心は乾いたままだ。たくさんの水に包まれ、洗われ、磨かれたのに、相変わらず石の心だ」。

弟子は言葉もなく、うなだれて去って行った。真実は痛いものだ。患部を切開し、洗い清め、そして癒やす。

これ以後、弟子は一日中、あれをする、これをするで過ごすことはなくなった。神の愛の水のあふれる奔流に身をゆだねたのだ。柔らかい土地に水がしみ透るように、彼は身も心も、満たされていった。

こうして時は過ぎ、何カ月かがたった。ある日、師は自ら弟子のところに出向き、こう尋ねた。

「何カ月も音沙汰がないが、どうしていたのかね」。

「先生、ごらんのとおりです。神に満たされています。でも、それは、神が私を変えて、柔らかい土地にしてくださったからです」。

＊ キリストの心は尽きることのない泉。そばに来る人をご自分の命に浸し、「石の心」を「肉の心」に変えてくださる。温かく、思いやり深いキリストご自身の心のように。

「お前たちに新しい心を与え、新しい霊をお前たちの内に置く。お前たちの体から石の心を取り除き、肉の心を与える」。（エゼキエル36・26）

【エゼキエル36章25―27節】

「わたしはお前たちに清い水を注ぐ。そうすれば、お前たちは清くなる。すべての汚《けが》れ、すべての偶像からお前たちを清める。お前たちに新しい心を与え、新しい霊をお前たちの内に置く。お前たちの体から石の心を取り除き、肉の心を与える。わたしの霊をお前たちの内に置く。そしてわたしの掟《おきて》に従わせ、わたしの定めを守り行わせる。

55　小さな葦《あし》の棒

草原の野菊の茂みに、小さな葦の棒が落ちていた。ぴょこんと突き出た頭は、日ざしで黄ばみ、からからに乾いていた。

ある日の明け方のことだ。日の出とともに、草原は眠りから覚め、息を吹き返し、羊の群れが、すいかずらの咲く道に、鈴の音を響かせていた。牧羊犬が、群れから外れた羊を追い立て、短く吠えたてている。

もう幾度となく通った道を、群れと一緒に歩いていた羊飼いの少年は、ふと、道端の野菊の茂みに小さな葦の棒が埋もれているのに気づいた。乾ききって、おまけに穴まで開いている。かがんで葦を拾った途端、少年は顔を輝かせ、大喜びで叫んだ。

「すごいや、葦の笛を見つけた！」

たった一度の出会いによって、輝きを放つ人生もある。羊飼いの少年は草の上に腰を降ろし、葦の笛を吹き始めた。羊の群れのあのすいかずらの道を行くちりんちりんという鈴

の音とはまったく違う、思いがけず美しい音色が、流れ出した。それは、風に揺れる高いポプラの梢《こずえ》までも包み込み、少年の心をあふれる喜びで満たしたのだった。

＊「私は、ここ、あなたの足元に座っております。どうぞ、私の人生を、葦の笛のようにまっすぐで、簡単なものになさってください。あなたの音色で満たしていただけるように」。（タゴール）

……イエスが彼女らの行く手に立っておられ、「おはよう」と声をかけられた。彼女たちは近寄って、イエスの足を抱き、その前にひれ伏した。イエスは仰せになった、「恐れることはない。行って、わたしの兄弟たちに、ガリラヤに行くよう告げ知らせなさい。そこでわたしに会える」。（マタイ28・1―10）

56　私の過ぎ越し

パンプローナ発スペイン南部行きの飛行機に、故郷に帰省する女子学生が乗っていた。実家はコスタ・デル・ソル（太陽の海岸）の近くにある。飛行機の窓から、はるか下方にかすんで見える赤茶けた大地を眺めていると、目に涙があふれてきた。心は重く、気持ちは落ち込むばかりだった。

彼女は復活祭の休暇を過ごしに、家に帰る途上にあった。大学での一年目が、じきに終わる。実際、さんざんな年だった。人生は空虚でしかない。たった一つ、幸せに思えるのは、もうすぐ大好きな海を見ることができるということだ。

飛行機が着陸した。大学での一年にこれほど苦しんだ後で、いったいどんな復活祭の休暇を過ごせというのだろう、と彼女は考えた。

祖母が空港まで迎えに来てくれていた。二人は、ただ黙って車で家路を急いだ。祖母の運転する車が高速道路に入っても、彼女はただ、海のことばかり考えていた。

家に着いたのは、真夜中過ぎだった。彼女はやみくもに自分の車を駆って、近くの海岸に向かった。その後に起こったことは、彼女自身の言葉で話してもらおう。

「私は浜辺に座り、月の光の中で、波が一つ、また一つと寄せては返すのを眺めていました。目の前をゆっくり、ゆっくりと、大学でのひどい一年目が、一日また一日、一週また一週、ひと月またひと月と流れていきました。そのうち、突然に、すべてのつらい体験が、ふっと消えてしまったのです。もうそれは終わった過去のこと。私はその時、つらかったことをみんな忘れてしまうこともできました。でも、その一方で、覚えておきたい気持ちもありました。そのうちに、東の海から太陽が昇り始めました。陽《ひ》がさし昇るあいだ、私は、ちょうど、岩に砕ける前に大きくうねりをあげる波のように、心が大きくふくらむのを感じていました。あの朝、太陽とともに、私も昇ったのです。

精神も心も体も、海から力をくみ取ったようでした。消え失せていた理想と夢と熱意が、これまでになく力強くよみがえってきました。私は太陽とともに立ち上がり、車を走らせ、わが家に向かったのでした」。

復活祭の休暇が終わると、彼女は大学に戻り、粉々に砕け散った一年目を拾い集め、つ

なぎ合わせ、もう一度出発した。死んで、復活したのだ。生まれて初めて、彼女は復活の意味を身をもって知ったのだった。

イエス、マグダラのマリアに現れる。（ヨハネ20・11―18）

【ヨハネ20章11―14節】

マリアは墓の外に立って泣いていた。泣きながら、身をかがめて墓の中をのぞき込むと、イエスの体が置かれてあった場所に、白い衣をまとったふたりのみ使いが、ひとりは頭の方に、もうひとりは足の方に座っているのが見えた。すると、み使いたちはマリアに、「婦人よ、なぜ泣いているのですか」と言った。マリアは答えた、「誰かがわたしの主を取り去りました。どこへ置いたのか、わたしには分かりません」。こう言って、後ろを振り向くと、そこにイエスが立っておられるのが見えた。しかし、それがイエスであるとは気がつかなかった。

57　神様は私たちが笑うように望まれる

アントニー・デ・メロの本にある話である。

師はざっくばらんな人柄だったから、弟子たちは、神を探し求めて来られたこれまでの道のりをお聞かせください、と頼んだ。

「神はまず、私の手を取るようにして、行いの国に導かれた。そこで、私は何年か過ごした。次に、神は私を、苦悩の国に伴われた。心の無秩序な愛着がすべて清められるまで、そこに住んだ。そして、愛の国では、燃えさかる愛の炎に私のうちに残っていた自我は、ことごとく焼きつくされてしまった。その後、沈黙の国に行き、生と死の神秘に驚きの目を見張ったものだ」。

「そこが師の道の到達点ですか」。

「いや。ある日、神は言われた。『今日はお前を神殿の一番奥の聖所、私の心の中に連れていこう』と。そして、導かれたのは笑いの国だった」。

エマオへの途上での出現（ルカ24・13―35）

【ルカ24章13―17節】

二人の弟子が、エルサレムから六十スタディオン離れた、エマオという村に向かって歩いていきながら、これらのすべての出来事について語り合っていた。二人が話し、論じ合っていると、イエスご自身が近づいて来て、一緒に歩き始められた。しかし、二人の目は遮られていて、イエスであることに気づかなかった。するとイエスは二人に、「歩きながら、語り合っているその話は何のことですか」と仰せになった。そこで、二人は暗い顔をして立ち止まった。

58 サナギ

ある朝、庭の木にサナギを見つけた。今でもよく覚えている。ちょうど殻を破り、チョウになるところだった。

しばらくはじっと待っていた。しかしずいぶんとゆっくりなので、私はイライラしはじめた。急いでいたから。そこでかがみ込んで息を吹きかけ、温めてみた。ハアーッと息をかけ続けていると、普段よりもずっと早く、あの奇跡のような場面が始まったのである。

サナギの殻が割れ、チョウがはい出した。その後に感じたおののきは、生涯忘れえないだろう。チョウは小さな体を震わせながら、懸命にまだ縮《ちぢ》れている羽を広げようとしてみた。そこで、私はまた身をかがめ、息を吹きかけて手伝ってやろうとした。つまらないことをしたものだ。

チョウは時間をかけて成長することが必要だったし、羽は太陽のもとでゆっくりと伸ばしていくはずだったのに。私の息は、まだ時が来ないうちに、しわだらけの羽を無理に広

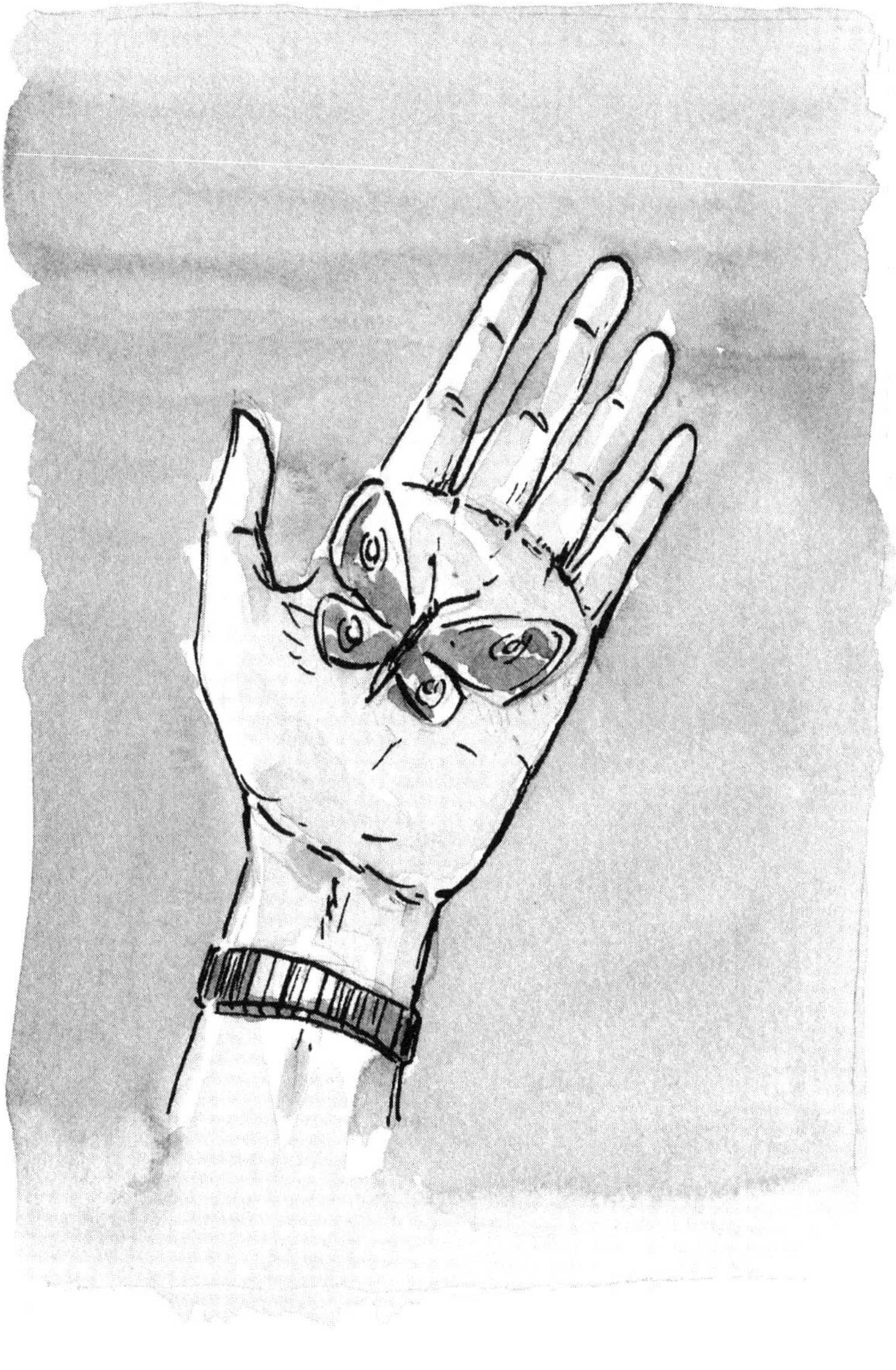

げさせたのだ。悔やんでも遅かった。チョウは弱々しく羽ばたきすると、私の手のひらで、すぐに死んでしまった。

この小さなチョウのなきがらは、私の良心にことのほか重くのしかかった。今、そのわけがよく分かる。大自然の摂理に背くのは、大きな過ちだから。焦ったり、いらついたりしてはならない。摂理のリズムに信頼して従うのだ。

復活されたキリストは、弟子たちにお現れになり、彼らが十分に成熟する時間を与えられた。私たちも一人ひとりのリズムに従って成熟すれば、それでよい。キリストはお急ぎにはならない。

弟子たちへの出現（ヨハネ20・19―29）

59　月と教会の神秘

月は古来より、衰退のシンボルであると同時に、豊穣《ほうじょう》と再生、復活と希望のシンボルでもある。つまり「月」は、その満ち欠けにより、人間の存在の悲しみも喜びも象徴してきたのである。

古代教会の教父たちは、「教会」を「月」に例えた。月は自ら光を発するのではなく、太陽の光を受けて輝く。太陽がなければ、まったくの闇に閉ざされる。これは「教会」の本質を、実によく表している。月が太陽の光を受け、夜を明るく照らしてくれるように、「教会」もキリストの光を受け、神を求めてさまよう人間の闇を照らしているのだから。たとえ、「教会」そのものは闇であるとしても、キリストの光を放っているのだ。月はこの神秘を語る。

宇宙旅行も夢ではなくなった今、この例えをもう一度よく振り返る必要がある。宇宙飛行士は、でこぼこの岩だらけの荒涼とした砂漠である月を、その目で見た。しかし、それでもなお、太陽に照らされる時、月は光である。

一方で、月のありのままの姿こそ、「教会」をよく表しているのではないか、という疑問も湧き起こる。「教会」を探検し、発掘調査をしてみれば、月と同じように、砂や岩がごろごろ出てくるばかりではなかろうか。人間の弱さと失敗にまみれた歴史が。それも、また現実だ。けれども、それでも「教会」は、でこぼこの姿でありながら、キリストから受けた光を放つ。この光を放つ「教会」こそ、ある意味では、現実の姿である。自ら輝くのではなく、受けた光によって初めて真価を発揮する本性をもつのだから。

ガリラヤ湖畔で弟子に現れられる。……。（ヨハネ21・1—25）

「教会」の特徴は、〈キリストの名によって宣教し（1—8）、ユーカリスティアを中心とし（9—14）、最高の価値を十字架におき（15—19）、主が再び来られるまで、愛された弟子として、愛と希望のうちに生きること（20—23）〉である。

60　大きな木

深い森の真ん中に、大きな木があった。皆が見とれてしまうほど、それは立派な木だった。旅人は木陰に腰を下ろして一休みしたし、小鳥は枝に巣を作った。

ところがある日、枝たちがこんなことをささやき始めた。

「私たちはたいしたものよ。人はみんな、感心して見ているし、小鳥は大喜びでここに巣をかけている。それに、ほら、私たちの色どりのきれいなことといったら、あのすすけた、ずんぐりむっくりの幹とは大違い。まして、年中、土の中に隠れている泥だらけの根っこなど、まるでお話にならないわ」。

幹も負けずに言い返した。

「僕なしに、木が成り立つものか。枝を支えているのも、樹液を送って養っているのも僕だ。僕がいなければ、美しく茂った葉も枯れてしまう。僕こそ、まさに木の大黒柱だ」。

根ももちろん言い立てた。

「私たちだって、必要よ。私たちが土から吸い上げた栄養で、幹や枝や葉は生きているのよ。私たちこそ木のために、絶対必要なものだわ。今後いっさい、頑固者の幹ともうぬぼれやの枝とも、つきあわない。私たちだけで生きていくから、あなたがたには樹液をあげないわ」。

大きな木は枯れ始めた。葉は落ち、幹は乾いた。根は寂しくてたまらなくなった。小鳥は枝にかけた巣を捨て、飛んでいってしまったし、森を通る人が、木陰で憩うこともなくなった。大きな木が枯れてしまう。森中を悲しみが包んだ。

しかし、その頃、根も枝も幹も、離れては生きられないことに気づきはじめていた。大事なのは、根だけでも幹だけでもない。皆が一つになって作っている木だった。根も枝も幹も、お互いのためにあったのだ。そこで根は、独り占めしていた樹液を幹に送り始めた。幹は、しばらく強情を張ってはいたが、結局、協力し始めた。枝は樹液の最初の一滴を、弾む思いで味わった。そして、幹と根を軽んじたことを、心の底から詫びたのだった。

木は再び、元気になった。小鳥は枝に巣をかけたし、人々は木陰で一服した。木は幸せだった。そうして森中が喜びに包まれた。

キリストの神秘体（一コリント12・12―30）

【一コリント12章12―15、27―29節】

体は一つでも多くの部分があり、体のすべての部分は多くあっても一つの体であるように、キリストの場合も同じです。実に、わたしたちは、ユダヤ人であれ、ギリシア人であれ、奴隷であれ自由な身分の者であれ、洗礼を受けてみな一つの霊によって一つの体に組み入れられ、また、みな一つの霊を飲ませていただいたのです。確かに、体は一つの部分ではなくて、多くの部分から成り立っています。たとえ、足が「自分は手ではないから、体に属していない」と言ったとしても、それで体に属さないということではありません。………

さて、あなた方はキリストの体であり、一人ひとりその部分なのです。そして、神は教会の中で人々を次のように任命されました。第一に使徒、第二に預言者、第三に教師、次に奇跡を行う者、それから病気を治す特別の恵みをもつ者、人を世話する者、司《つかさ》どる者、種々の異言を語る者などです。みなが使徒でしょうか。みなが預言者でしょうか。みなが教師でしょうか。みなが奇跡を行う者でしょうか。

61　一メートル四方の花

カタイ国の王が死んだ。国中が悲しみに包まれた。一カ月の服喪が過ぎ、宮廷の重臣たちが厳粛な面持ちで、亡き王の遺言状を開封した。

美しいカタイの国は、三つの地域に分けられるが、それぞれがまったく違っていた。

山岳地帯は乾いた荒れ地だったが、そこここに泉の湧く小さな谷が幾つもあるので、「泉あふれの地方」と言った。

山に囲まれた広い肥沃な平野は、人口も多く、生活にもゆとりがあり、「実りあふれの地方」と呼ばれていた。

海岸地帯は、港に格好の入り江や砂浜も多く、漁業が盛んで、真珠貝もとれた。そこで、この辺りは「港あふれの地方」と言った。

父王の遺言は荘厳に公表された。それは王国を三つに分けるものだった。

「『港あふれの国』を、剛毅にして冒険心に富むわが息子クリスナに譲る」。

「『実りあふれの国』を、企業家にして経済手腕に富むわが息子シバナンダに譲る」。「山岳地帯である『泉あふれの国』を、国民を幸せにするために、末の息子リスマクリンに譲る」。

「二人の息子たち、クリスナとシバナンダは、その領土である平野と海岸を、リスマクリンが自由に通行し港に出ることを許可しなければならない」。

夢見がちな末っ子の王子に、乾いた荒れ地の山岳地帯を残したうえに、「国民を幸せにするため」だというのは、皮肉のように聞こえた。少なくとも、譲り受けた国を初めて公式訪問した末の王子は、そのように感じた。なにしろ目に入るのは、荒涼とした土地とそそり立つ山の狭間《はざま》の小さな谷ばかり。ただ、湧き水だけはふんだんにあった。それにしても、王子の話をさえぎったあの農民のぶしつけな言葉が、宮殿に帰っても王子の頭を離れなかった。

「良い水の湧くこの土地に、花を植えてはどうだろう」。

「なに言ってるだね、王様。花は食べられませんだ」。

そのとき、王子はこう答えた。

「それはそうだ。しかし、花で食べていくことはできよう」。

新しい王はこの出来事について思いをめぐらし、一つの結論を得た。

「私の国民は悪い人間ではない。貧しさだけだ。貧しいために、心が狭く、ゆとりがないのだ。また、物事を知らないために幸せになれないのだろう。福祉はまず、不幸を是正することに始まる。私は国民たちが、彼らにふさわしい幸せを手にすることができるように、力を尽くしてみよう」。

数日後、水を引き、花を植えよ、という政令が発布された。国民一人につき、一メートル四方の花を栽培せよ、というこの命令に、人々は首をかしげた。

「うちの王様も変わったことを言われるものだ。二人の兄王子は、海外に出向いたり、土地を開発したりで大活躍だというのに、花を植えろ、とはね」。

春が来て、荒れ地に奇跡が起こった。不毛だった山地が見渡すかぎりの花畑となったのだ。人々は生き返ったように働きはじめ、総出で水をせき止めてダムを造り、発電装置を回した。電気が通じ、電灯もついた。けれども、なんといっても一番の奇跡は、彼ら自身の中に起こった。あのいつもけんか腰の頑固で仏頂面《ぶっちょうづら》をした人々が、幸せは外からやって来るのではない、と気づいたのだ。幸せの鍵は自分自身の中にあり、それを見つけるだけで良いのだ、と。そして心を磨く三つの秘けつまで発見した。花を育てること、音楽を

育てること、愛を育てること。花も音楽も互いに殴り合っていては育たず、愛はののしり合っていては実らないから。

花あふれる「泉あふれの国」の奇跡にひかれ、大勢の観光客がこの地を訪れた。美しい花々が、次々と「実りあふれの国」を通り、「港あふれの国」の港から輸出された。絵はがきが刷られ、ホテルが建ち、通信手段も改善され、人々の暮らしはすっかり豊かになった。こうして、皆の顔にほほ笑みがあふれ、国中に生きる喜びがみなぎった。

＊ イエスは、私たちにこう言い残された。「互いに愛し合いなさい」（ヨハネ13・34）と。「昇天」の前に、私たちにこの使命を与えられたようだ。もし私たち皆が、この世界で花と音楽と兄弟愛を育てるのに専念したらどうだろう。「ほほ笑みあふれの国」を建てられるのではあるまいか。

主の昇天（使徒言行録1・1—11）

62 天国

生きている間、いつもいつもぜいたく三昧に明け暮れた女がいた。死んでのち、天国に行くと、天使が待っていて、天国での住まいへ案内をしてくれた。

豪華なマンションのそばを幾つも通り過ぎたので、女は一つマンションに近づくたびに、「きっとこれが私の家だわ」と心ひそかに思った。ところが、大きな通りはみな通り越し、とうとう小さな家ばかりが並ぶ、天国の外れまで来てしまった。そして、いちばん端の辺りの、小屋のような粗末な家の前で立ち止まった。

「これがあなたの住まいですよ」、と天使が言った。

「なんですって?」と女は言った。

「こんな所、私はとても住めないわ」。

すると天使は答えて言った。

「本当にお気の毒ですが、あなたが地上から天国に送ってくださった材料では、この家を建てるのが精いっぱいだったのです」。

タラントンのたとえ話（マタイ25・14―17）

【マタイ25章14―17、23節】

「また、天の国は次のように言えよう。ある人が旅に出るにあたって、僕《しもべ》たちを呼んで、自分の財産を彼らに預けた。主人は僕たちの能力に応じて、ある者には五タラントン、ある者には二タラントン、ある者には一タラントンを預けて、旅に出た。すると、ただちに、五タラントンを手にした者は出かけていき、それで商いをし、さらに五タラントンもうけた。同じように、二タラントン預かった者も、ほかに二タラントンもうけた。

………

主人は言った、『よくやった。善良で忠実な僕よ。お前は僅かなものに忠実であったから、多くのものを管理させる。さあ、お前の主人と喜びをともにしなさい』」。

63　二匹の魚

アントニー・デ・メロの紹介する小話である。

「すみませんが」と小さな魚が大きな魚に話しかけた。

「あなたは僕よりずっと年上でいろいろな経験をしておられるから、きっとお分かりでしょう。『大洋』とは、一体どこに行けば見つかるのか教えてください。僕はあちこち探してきたのだけれど、まだ見つからないのです」。

「大洋だって？　今、君のいるここがそうだよ」、と大きな魚は答えた。

「ここですって？　ここはただの水ばかりですよ。ぼくが探しているのは大洋なんだ」、と若い魚は気落ちして言った。そして、ほかを探して泳ぎ去った。

＊　小さな魚よ、探すのはおやめ。探すことはないのだから。ただ心を静め、目を開けて、「観る」がいい。朝な夕な、それは美しく彩りの変わるこの「大洋」を。日の出にはコバルトブルーに輝き、緑になり、午後には深い青からやがて藍色へ、日が沈むといつか、黒曜石のような黒に変わる。
大洋の中で幸せに過ごしている魚もいれば、ただの濁った水の中を泳いでいると思いこむ、観想を知らない若い魚もいる。二匹の魚は同じ所に住み、同じ所を泳いでいるのに。なぜだろう。そう、すべては心の持ち方。

「わたしは世の終わりまで、いつもあなた方とともにいる」。（マタイ28・16―20）

64　カテドラルを建てる

アントニー・デ・メロの「二匹の魚の話」は、私にもう一つ別の話を思い出させてくれる。本書の最後を、この話でしめくくろう。

この話は、私が広島修練院で長い間を共に過ごした懐かしいイエズス会員、ブラザー・ペドロ・オシナ（一九〇八―一九八九）がしてくれた。

オシナさんはスペインの古都、ブルゴスで生まれた。カスティーリャ地方に八四四年に興されたこの由緒ある地に、十三世紀に長い年月をかけて築いた壮麗なカテドラルがある。初めの礎石が一二二一年に置かれてから完成までに、実に四〇〇年かかった。オシナさんはこのカテドラルにまつわる話をおじいさんから聞いたそうだ。

代々語り継がれた言い伝えによると、ブルゴスのカテドラルを建てるにあたり、まず、近くの山の石切り場に行き、良い石を探すところから始めたそうだ。

ある日のこと、力仕事のできる男たちが皆、この仕事に懸命になっているところへ一人の旅人が通りかかった。彼はしばらく仕事ぶりを眺めていたが、そのうち並んで働いている二人の男たちの様子に興味をもった。一人はいかにもつらそうな顔をしており、もう一人は晴れやかな笑顔を見せていた。旅人は陰気な顔をした男に近寄り尋ねてみた。

「いったい何をしているのですか」。

すると男は答えた。

「ご覧のとおり、朝から晩まで石を運んでいるわけさ。それだけだよ」。

次に、旅人はうれしそうに仕事をしている男の方に行って、同じように聞いてみた。

「ところで、あなたは何をしておられるんで」。

目を輝かせた男は、顔をほころばせ、弾んだ声でこう言った。

「私たちは世にもすばらしいカテドラルを建てているところだよ」。

＊ 同じことをしている二人の男たち。一方は人生に理想を持ち、もう一方は、ただ漫然とマンネリ化した生活をしている。違いはどこから来るのだろう。そう、目を輝かせた人物は「活動のなかにあって観想的な」心を持っていた。つまり、「すべてにお

いて主なる神を愛し、仕える」こと。

わたしたちはみな、鏡のように主の栄光を映し出しながら、主の霊によって栄光から栄光へと、主と同じ姿へと変えられていくのです。（二コリント3・18）

【二コリント3章13―17節】

また、消え去って行くものの最後をイスラエルの子らに見られないようにと、モーセが自分の顔に覆いを掛けたようなことはしません。しかし、彼らの理解は鈍くなりました。実に、今日に至るまで、古い契約が朗読されるとき、その同じ覆いがまだ残っています。そこで、キリストにおいて古い契約が破棄されたという事実が、覆いを取り除かれずに隠されているのです。確かに、今日に至るまで、モーセの書が朗読される時はいつでも、彼らの心には覆いが掛かっています。しかし、主のほうに向き直るなら、その覆いは取り去られるのです。この主は霊であって、主の霊がある所には自由があります。

おわりに

この『たとえ話で祈る』を書き終えるにあたり、初期の伝記に記されている聖イグナチオ・デ・ロヨラのあるエピソードを思い出しました。聖人が晩年病床にあったある日、医者が「憂鬱な気分になるようなことはすべて避けなさい」と忠告しました。聖イグナチオは医者には何も答えませんでしたが、数日後、彼の伝記を書いていたルイス・ゴンサルベス・ダ・カマラ神父と話すうち、こう言ったのです。

「さて何が私を憂鬱にさせるかと考えてみたが、教皇様がイエズス会を解散させられたらという以外には何も思い当たらない。これにしても、十五分ばかり祈ったならば、元気を回復すると思う」。

聖イグナチオにとり、憂鬱とは、肉体的あるいは道徳的な原因からくる深い悲しみ、何にも喜びを感じられなくさせるあの悲しみを指しました。その原因となりうるのは、仕事上の失敗や失恋、裏切り、愛する人との別れ、あるいは愛する人の死、自らの老いと死への恐れ、あるいは人を落ち込ませるなんらかの強迫観念などでしょう。

こうしたことと、どのように戦えばよいでしょうか。聖イグナチオは、なにごとも神の光に照らし、十五分ほどの深い祈りでこれに打ち勝ちました。

この本を終えるにあたり、私たちは、読者の方々に、心を元気づけてくれるこれら六十四の「たとえ話」を通じ、よく祈り、聖イグナチオのこの戦いの列に加わりたいと願います。このたとえ話のうち一つでも、さまざまな憂鬱に打ち勝つ助けとなり、ほほ笑みと神様への祈りの発進のきっかけとなるならば、本当に幸いです。

二〇一九年十二月二十五日

主の降誕の祭日

ホアン・カトレットS. J.

【本書における聖書の引用は、『聖書　原文校訂による口語訳』（フランシスコ会聖書研究所訳注）
（サンパウロ発行）によります。】

著者紹介

ホアン・カトレット（Juan Catret）

1937年　スペイン バレンシアに生まれる。
1954年　イエズス会に入会。
1961年　セイント・スタニスラウス・カレッジ（アイルランド）
　　　　哲学修士課程修了。
1962年　来日。
1968年　上智大学大学院神学課程専攻修士課程修了。
1969年　司祭叙階。
1975年　ローマ･グレゴリアン大学において神学博士の学位を受ける。
1979年　広島・イエズス会修練院司祭、エリザベト音楽大学教授。
2007年　広島・祇園教会司祭。
現　在　東京・イエズス会上石神井修道院に在住。

著　書　『十字架の聖ヨハネの霊性』（中央出版社＝現サンパウロ）、『十字架の聖ヨハネの“信仰の道”』『聖イグナチオ・デ・ロヨラの道』『マリアのたとえ話』『マリアへの讃歌』（新世社）、他多数。

訳者紹介

中島　俊枝（なかしま　としえ）

1982年　上智大学大学院外国語研究科修士課程終了。
1985年　ナミュール・ノートルダム修道女会入会。
2002年　Catholic Theological Union, Institute of Religious Formation
　　　　（シカゴ）終了。
現　在　ノートルダム清心中・高等学校（広島）講師。

たとえ話《ばなし》で祈《いの》る

著　者――ホアン・カトレット

訳　者――中島　俊枝

発行所――サン パウロ

〒160–0011　東京都新宿区若葉 1–16–12
宣教推進部（販元）Tel. (03) 3359–0451　Fax. (03) 3351–9534
宣教企画編集部　Tel. (03) 3357–6498　Fax. (03) 3357–6408

印刷所――日本ハイコム㈱

2020 年　11 月 1 日　初版発行

ISBN978–4–8056–5637–2　C0016（日キ販）